VORWORT

Liebe Leserinnen und Leser!

In diesem Kochbuch finden Sie die bergische Küche, wie sie in Privathaushalten von Wuppertal im Norden bis nach Siegburg im Süden heute auf den Tisch kommt. Der Rezeptband hat weder den Anspruch ein historisches Kochbuch zu sein noch avantgardistische Strömungen aufzugreifen. Viele Rezeptklassiker wie die Bergische Potthucke, ein Kartoffelkuchen, aber auch moderne Speisen wie Kürbistarte mit gratiniertem Schafskäse finden sich im Repertoire bergischer Familien.

Von Pfannenwatz bis Butterplatz – Bergische Küchenklassiker

Der Rezeptekanon für dieses Kochbuch ist nach Recherchen in alten und modernen Kochbüchern aus den letzten 100 Jahren, vor allem aber durch Gespräche mit Bewohnern des Bergischen Landes entstanden. Die Rezeptsammlung legt dabei einen Schwerpunkt auf traditionelle Rezepturen, die bis heute zum lebendigen bergischen Küchenschatz gehören. Sie zeigt darüber hinaus ebenso, wie Genuss-Menschen in der Region mit frischen heimischen Zutaten kochen.

Alle Klassiker treffen durch kleine Variationen noch immer den Zeitgeist und Geschmack einer aromatischen, unverfälschten Landküche mit einfachen Zutaten. Ich, die ich auch Landfrau bin, Kochkurse leite und in bergischen Culinaria-Projekten engagiert bin, habe für dieses Buch typische Rezepte der Region zusammengestellt, ausprobiert und selbst fotografisch in Szene gesetzt.

Welche Spezialitäten von „Pfannenwatz bis Butterplatz“ man kennen muss, verrate ich Ihnen in einem „Who is who“ der bergischen Küchenklassiker. Welche typischen Produkte die Region bereithält, erfahren sie jeweils in einer Einführung zu den einzelnen Kapiteln. Ausflüge in den Bauerng[illegible] das ku[illegible] tische T[illegible]

Sie hab[illegible]

Viel Fre[illegible] Nachkochen, Schmökern und Genießen wünscht

Ira Schneider

TYPISCH BERGISCH

Das Who is Who der Bergischen Küche von A–Z

Äpel oder Erpel – Kartoffeln zählen neben Milch, Eiern und Getreide zu den Grundnahrungsmitteln der Bergischen Küche.

Ball(e)bäuschen, Bollebäuskes oder auch Bomböschen – ein süßer Hefe- oder Rührteig-Krapfen mit Rosinen, den man in einer speziellen Pfanne ausbäckt und zur Bergischen Kaffeetafel reicht.

Bergische Kaffeetafel – „Koffiedrenken met allem dröm un draan" (Kaffeetrinken mit allem drum und dran) ist eine üppige Familien-Mahlzeit mit vielen regionalen Köstlichkeiten. Neben Kaffee aus der sogenannten „Dröppelmina", einer Kranen-Kaffeekanne aus Zinn („dröppeln"= tropfen, „Mina" = Kurzform von Wilhelmine, geläufiger Name für eine Dienstbotin), finden sich reichlich Backwaren auf der Kaffeetafel, darunter verschiedene bergische Brotsorten wie Schwarz- und Graubrot, Korinthenstuten, Butterplatz, Bergische Waffeln, Gusszwieback, Burger Brezeln und Kuchen. Ferner tischt man Apfel-, Birnen- oder Rübenkraut, Butter, Quark und Käse, Wurst und Schinken sowie Milchreis („Stiewen Ries") mit Zimt und Zucker auf. Ein Verdauungsschnaps („Kloarer" oder „Oppjesadde") wartet zum Schluss.

Bergischer Gusszwieback – ein länglicher, süßer Zwieback, der mit Eiweiß-Zuckerguss in verschiedenen Geschmacksrichtungen bestrichen wird.

Bergisches Krüstchen – ein mit einem Spiegelei überbackenes Schweineschnitzel, dazu reicht man Roggenbrot und auf Wunsch auch Kartoffelsalat oder Bratkartoffeln. Ursprünglich meint ein Krüstchen ein Endstück vom Brot.

Burger Bre(t)zel – eine kunstvoll geschlungene, zwiebackähnliche Spezialität, die aus Burg an der Wupper stammt und vom Aussterben bedroht ist. Man „zoppt" (taucht) sie – genauso wie den Gusszwieback – in den Kaffee.

Decke Bunne – Dicke Bohnen (Puff- oder Wollbohnen) in einer Speck-Mehlschwitze.

Drügen Rötsch – ist ein knuspriger Buchweizenpfannkuchen. Der Name des Pfannkuchens leitet sich von „drüg" oder „drög" (trocken) und „Rötsch" (Rutsch) ab und spielt auf die Konsistenz des Teigs – den man gut kauen muss, damit er rutscht – an.

Erpelsfritz – in früheren Zeiten war der mit Milch oder Sauerrahm verfeinerte, gewürzte Kartoffelstampf genau wie süßes Kraut („Kruut") ein Butterersatz.

Flönz oder Flöns – Blutwurst, die traditionell gebraten mit „Himmel un Ääd", Stampfkartoffeln, Apfelkompott und Röstzwiebeln, serviert wird.

Kappes, Rübstiel (Stielmus) – verschiedene Kohl- und grüne Rübenblattgemüse sind typisch für die Bauerngärten im Bergischen. Eine besonders selten gewordene Sorte ist der wirsingähnliche Butterkohl. Als „su(u)re(n) Kappes" bezeichnet man Sauerkraut.

Kottenbutter oder Kottenbotter – das Butterbrot der Schleifer von der Wupper, Schwarz- oder Graubrot belegt mit Mettwurst, Senf und Zwiebeln. Die Arbeiter am Schleifstein konnten die Stullen-Mahlzeit gut zwischendurch auf der Hand essen.

Kruut oder Krückchen – ein aus Äpfeln, Birnen oder Zuckerrüben hergestellter Zuckersirup. Durch das stundenlange Einkochen des Fruchtsafts wird der braune, zähflüssige Aufstrich gewonnen. Er schmeckt süß bis würzig und diente früher als Butterersatz und wird noch heute gerne als Beilage zu Kartoffelküchlein gereicht.

Panhas oder Pannasch – eine Grützwurst aus Schlachtresten und Buchweizenmehl, sie wird in Scheiben geschnitten und gebraten zu deftigen Gerichten gereicht, zum Beispiel zu „Himmel und Erde" oder Sauerkraut. Der Name der Grützwurst leitet sich vom niederdeutschen Wort „Pannharst" ab, was so viel wie „in der Pfanne geröstet" bedeutet.

Pannenbrei – Pfannenstreichbrei, eine Art flüssiges Rührei, das mit Mehl, Milch und Speck gestreckt wird. Es schmeckt zu Brot.

Pannekooche(n), -koken oder -kauken – Pfannkuchen, die süß oder herzhaft aus Buchweizen-, Hafer-, Weizen- und Dinkelmehl oder auch mit Kartoffeln herstellt werden. Viele Variationen sind bekannt, denn Eier hatte man fast immer im Haus.

Pfannenscheiben – knusprige Bratkartoffeln, die man früher auch gerne zum Frühstück aß.

Pottgebüdels – ein Graupen-Reis-Kloß mit Dörrobst, der wie ein Serviettenknödel langsam in einem Leinentuch gegart wird. Dazu reicht man Vanillesauce, braune Butter und Zucker oder ausgelassenen Speck.

Pfannenwatz, Knulls, Riefpucks, Latz oder Potthucke – letzteres wörtlich: das, was im Topf hockt, ein herzhafter Kartoffelkuchen mit Mettwurst, der im Ofen gebacken und scheibenweise in der Pfanne angebraten wird. Man reicht ihn mit Apfelmus oder Apfelkraut und Schwarzbrot.

Püffert, Rievkooche(n) oder Riefkoken, Leineweber, Pillekooche(n) – während ein Püffert einen XXL-Kartoffelrösti darstellt, ist der Rievkooche(n) ein normaler Reibekuchen, der Leineweber ein Kartoffel-Eierkuchen aus gekochten Kartoffelscheiben und der Pillekooche(n) (Piller = feine Streifen) ein Kartoffel-Eierkuchen aus rohen Kartoffelstreifen. Die Übergänge und Namengebungen sind zuweilen fließend. Auch süße Pufferts, Hefeplätzchen, die man in der Pfanne ausbäckt, sind bekannt.

Zaus – im Bergischen Land reicht man gerne Pellkartoffeln („Quellmänner") mit Saucen. Diese werden als „Zaus" oder „Stippzaus" bezeichnet. Saucen-Kartoffeln kennt man unter dem Begriff „Zausäpel".

1941

DER BERGISCHE BAUERNGARTEN
KLEINOD FÜR GAUMEN UND SEELE

Nach dem Vorbild der Klostergärten entwickelten sich im Laufe der Jahrhunderte im Bergischen Land bunte Bauerngärten. In unmittelbarer Nähe zu Haus und Hof pflanzten viele Selbstversorger das, was sie für den täglichen Bedarf benötigten. Kartoffeln, verschiedene Bohnen- und Kohlsorten sowie Wurzelgemüse zählten zum Grundstock des bergischen Bauerngartens und nahmen flächenmäßig den meisten Raum ein. Kräuter und Blumen wuchsen an den Beeträndern, die von Buchsbaum umsäumt waren. Klassische Bauerngärten mit ihrer einfachen geometrischen Anlage, die einem Wegkreuz gleicht, kann man noch heute im Bergischen Land finden. Besonders Höfe, die sich durch ihre biologische Vielfalt auszeichnen, kultivieren neben alten Nutztierrassen auch traditionelle Gemüsesorten wie Rübstiel, Engkohl oder Butterkohl.

Tradition, die heute noch weiterlebt

Verschiedene Museen, wie zum Beispiel das Museum Haus Dahl in Marienheide oder das LVR-Freilichtmuseum in Lindlar und Vereine wie die Bergische Gartenarche oder die Stiftung Botanischer Garten in Solingen, pflegen Schaugärten, laden zum Erleben der bergischen Gartenkultur ein und tragen so zum Erhalt der selten gewordenen Sorten bei. Besucher können bei Führungen oder Workshops die alten Gemüsesorten kennenlernen, Rezepte ausprobieren und kosten. Pflanzentauschbörsen und -märkte bieten die Möglichkeit, das alte Saatgut auch selbst zu Hause auszusäen. Über die Nutzpflanzen der Bauerngärten hinaus hatten auch Wildkräuter und -früchte früher eine große Bedeutung für den Speisezettel. Besonders beliebt bei Sammlern waren Waldbeeren (wilde Blaubeeren), Schwarzer Holunder, Brombeeren, Walderdbeeren, Waldmeister und Pilze. Zu Maria Himmelfahrt am 15. August sammelte man außerdem zwölf Heilkräuter für den „Bergischen Kruutwösch“ (Krautstrauß): Donnerkraut (Fette Henne), Rainfarn, Wermut, Beifuß, Johanniskraut, Wasserdost, Baldrian, Eberraute, Kamille, Schafgarbe, Pfefferminze sowie Getreide. Der schmückende Strauß mit den Schutzkräutern wurde getrocknet und unter dem Dach aufgehangen. Er sollte Haus und Hof vor Unheil bewahren. Neben reinen Gewürzkräutern baute man auch zahlreiche Heilkräuter im Garten an. Nicht umsonst nennt man den typischen Bauerngarten, der von Weißdornhecken umgeben ist, auch die Apotheke des kleinen Mannes.

Für die langen und strengen Winter musste man früher besonders gut vorsorgen und die Nutzgärten lieferten ausreichend Obst und Gemüse zum Einmachen und Einlagern.

EINGELEGTER KÜRBIS

für 4–5 Gläser à 450 ml

Zutaten

1 kg gewürfeltes Kürbisfruchtfleisch (Hokkaido, Butternuss oder Gelber Zentner)
250 g Zucker
750 ml Weißweinessig
½ TL Salz
je nach Vorliebe 6 Nelken, 2 Zimtstangen, etwas Vanille für ein fruchtig-duftiges Aroma oder Lorbeerblätter, Senfsaat, Wacholder und Dill für einen würzigen Kräutergeschmack

Zubereitung

Am Vortag: Essig mit Zucker und Gewürzen kurz aufkochen lassen und die Flüssigkeit über Nacht ziehen lassen. Am nächsten Tag: Gewürze entfernen. Den Kürbis schälen, entkernen und in 2 x 5 cm große Stücke würfeln. Die Kürbiswürfel in dem Zucker-Essig-Ansatz knapp garkochen und mit dem Sud gleichmäßig auf die Gläser verteilen. Die Gläser mit Gummiring und Klammern oder Schraubverschluss verschließen. Ein Baumwolltuch in einen großen Topf legen und die Gläser darauf stellen, sodass sie nicht aneinander schlagen. Die Gläser zu zwei Dritteln mit Wasser bedecken und bei 90° C rund 30–40 Minuten einkochen lassen. Die Gläser in der Nachwärme des Topfes vollständig auskühlen lassen. Kühl und dunkel lagern.

TIPP

Das Rezept eignet sich auch zum Einkochen von Möhren, Gurken und Zucchini. Letztere sollten jedoch noch jung und möglichst kernlos sein. Gurken und Zucchini müssen nicht vorgekocht werden!

APFEL-ZWIEBEL-SCHMALZ

für ein Glas à 250 ml

Zutaten

200 g Griebenschmalz oder
125 g Gänseflomen, 65 g
Schweineschmalz und 50 g
durchwachsene Speckwürfel
½ feingewürfelte Zwiebel
1 säuerlicher, fein gewürfelter
Apfel
Salz

TIPP

Mit dem Schmalz lassen sich im Winter auch Rotkohl- und Bratengerichte verfeinern. Gekühlt hält sich das Schmalz über mehrere Wochen im Kühlschrank.

Gut zu wissen!

Zwiebeln („Öllich") spielen in der Bergischen Küche neben Schinkenspeck eine wichtige Rolle zum Aromatisieren von Speisen. Aber auch in der Bauernapotheke ist das scharfe Alltagsgemüse als vielseitiges Heilmittel bekannt. Zwiebelsirup wird gerne bei Husten verabreicht oder eine Zwiebelpackung bei Ohrenschmerzen.

Zubereitung

2 EL Schmalz in einem Topf erhitzen. Die Zwiebel- und Speckwürfel darin dünsten. Den Rest des Schmalzes und die Apfelstücke zugeben. Alles bei schwacher Hitze ein paar Minuten ziehen lassen. Mit Salz abschmecken. Die Masse abkühlen lassen und in ein Schraubglas oder eine Servierschale füllen. Dazu passt ein kerniges Dinkel-Vollkornbrot.

PIKANTE BUTTERVARIATIONEN

für je 1 Glas à 250 ml

Zutaten

Kräuterbutter
250 g Sauerrahmbutter
1 Bund klein gehackte Gartenkräuter (Dill, Schnitt- oder Zwiebellauch, Borretsch)
½ TL Salz
eine zerdrückte Knoblauchzehe nach Geschmack

Honig-Senf-Butter
Zutaten
250 g Süßrahmbutter
1 TL Senf
1 TL Honig
½ TL Salz, 1 Prise Pfeffer
Borretschblüten

Rosenbutter
Zutaten
250 Süßrahmbutter
1 EL Honig
2 EL getrocknete Duftrosenblüten, fein gehackt

Gut zu wissen!

Butter lässt sich am besten mit einem Buckel(s)messer aus Solingen streichen. Mit der flachen, leicht geschwungenen Klinge gleitet die Butter förmlich aufs Brot.

Zubereitung

Die Zutaten jeweils mit der weichen Butter vermengen und mit Kräutern oder Blütenblättern garnieren. Dazu reicht man frisches Dinkel- oder Kartoffelbrot.

ENDIVIENSALAT
MIT KARTOFFELDRESSING

für 4–6 Personen

Zutaten

1 Endivie
2 kleine Pellkartoffeln (noch warm)
4 EL Sonnenblumenöl
2 EL Kräuteressig
2 EL Wasser
1 Zwiebel, fein geschnitten
Salz, Pfeffer, Zucker

Zubereitung

Die Endivie der Länge nach durchschneiden, äußere Blätter entfernen und in feine Streifen (circa 5 mm breit) schneiden. Die Endivie waschen und abtropfen lassen. Aus Öl, Essig, Wasser, Pfeffer, Salz, Zucker und der feingeschnittenen Zwiebel eine Vinaigrette rühren. Mit der Gabel die Pellkartoffeln zerdrücken. Ebenfalls in die Sauce rühren, diese über den Salat geben und durchmengen.

Gut zu wissen!

„Andivienschloot" mit Schmand passt gut zu Stampfkartoffeln. In früheren Zeiten vermengte man Salat und Stampfkartoffeln zu einem „Schloot-Stampes". Das Gericht wird auch „Salat untereinander" genannt und gerne mit gebratenen Zwiebelringen und Speck verfeinert.

TIPP

Mit etwas eingelegtem Kürbis und Speck-Pflaumen sowie gerösteten Sonnenblumenkernen erhält man einen bunten Wintersalat, der mit Brot gereicht eine sättigende Mahlzeit ist.

FELDSALAT
MIT ROTE BETE UND SPECK

für 4 Personen

Zutaten

250 g Feldsalat
8 Scheiben Frühstücksspeck
1 gekochte Rote Bete
150 g Walnüsse
1 EL Butter
1 EL Zucker

Für die Marinade
3 EL milder Weinessig
9 EL Rapsöl
etwas Honig
Salz und Pfeffer
1 Zwiebel, fein geschnitten

Gut zu wissen!

Mundartlich bezeichnet man den Feldsalat als „Koornschloot". Anders als andere Salate zieht man den winterharten Salat nicht im Frühbeet vor, sondern gibt die Saatkörner im Spätsommer direkt in die Erde. Auch mit Saure-Sahne- und Kartoffel-Dressing (siehe Endieviensalat-Rezept) ist Feldsalat, der zu den Baldriangewächsen zählt, beliebt.

Zubereitung

Salat verlesen und waschen, trockentupfen.
Rote Bete in feine Streifen schneiden.
In einer Pfanne Butter und Zucker schmelzen lassen, Walnüsse zugeben und karamellisieren. Nüsse auf einem Backpapier abkühlen lassen.
Die Zutaten für die Marinade verrühren und durchziehen lassen.
Frühstücksspeck kurz vor dem Servieren in einer Pfanne knusprig braten.
Alles zusammen portionsweise auf Tellern anrichten.

KÜRBIS-APFEL-CHUTNEY

für 6–7 Gläser à 250 ml

Zutaten

500 g Kürbis (besonders eignen sich die Sorten Gelber Zentner, Hokkaido und Butternuss)
500 g Äpfel (Elstar, Boskoop oder Goldparmäne)
4 mittelgroße Zwiebeln
150 ml milder Weinessig
200 g brauner Zucker
½ TL Zimt
etwas Vanille
½ TL schwarzer Pfeffer
½ TL gemahlene Nelken
½ TL Salz

Zubereitung

Kürbis, Äpfel und Zwiebeln schälen und würfeln. Die Schale des Hokkaido-Kürbisses muss nicht entfernt werden, sie wird beim Kochen weich. Zusammen mit den Gewürzen, Zucker und Essig durchkochen lassen. Wenn die Masse musig geworden ist, das Chutney rund 40 Minuten unter ständigem Rühren einköcheln lassen, bis es die gewünschte Konsistenz hat. Je nach Süße der Früchte während der Kochzeit noch etwas Zucker oder Essig zugeben.
Die Lorbeerblätter entfernen. In vorbereitete Schraubgläser füllen und fest verschließen.

Gut zu wissen!

Der „Gelbe Zentner“ ist eine alte Kürbissorte, die sich zum Einlegen und für Suppen eignet. Sie wird auch gerne als Laternen- oder Halloween-Kürbis verwendet. Ihr wässriges und wenig aromatisches Fruchtfleisch überzeugen jedoch nicht jeden.

TIPP

Im Herbst schmeckt das Chutney auch mit Kürbis und Birnen oder im Frühjahr mit Äpfeln und Rhabarber. Wer's gerne scharf mag, gibt noch etwas Chili und Knoblauch mit hinein.

GERÜHRTER KÄSE
MIT BÄRLAUCH

für 1 Glas à 500 g

Zutaten

500 g Quark oder Schichtkäse
150 ml Milch oder Sahne
Salz, Pfeffer
1 Bund Bärlauch, alternativ Kräuter der Saison

Zubereitung

Den Käse mit Milch oder Sahne glattrühren, abschmecken und die feingeschnittenen Kräuter unterheben.
Gerührter Käse schmeckt zu kernigem Schwarzbrot oder zu Pellkartoffeln.

Gut zu wissen!

Im Bergischen Land erfreute sich sogenannter „Klatschkäs“ früher großer Beliebtheit. Der Frischkäse aus Kuhmilch (Schichtkäse) ist eine besondere Form des Quarks. Er wird vor dem Abfüllen nicht gerührt, sondern geschnitten und schichtweise eingeschöpft. Da der „Klatschkäs“ einfach herzustellen ist, war er in früheren Zeiten genau wie Sauermilchkäse, auch „Handkäs“, „Fuustkäs“ oder „Weißer Käse“ genannt, ein vielseitiger Alltagskäse. Heute stellen bergische Landwirte überwiegend Hofkäse nach Gouda-Art her. Die Grundlage für den Schnittkäse ist Kuh- oder Ziegenmilch, die mit Gewürzen wie Pfeffer, Bockshornklee oder auch Bärlauch verfeinert wird. Darüber hinaus gibt es auch handgemachten Schafskäse nach Feta- und Frischkäse-Art. Das Bergische Land ist – ähnlich wie das Allgäu – noch heute eine regelrechte Milchviehregion.

LINSENSALAT

für 4 Personen

TIPP

Der Salat schmeckt warm und kalt als Gemüsebeilage.

Zutaten

500 g braune Linsen
2 Möhren
1 rote Zwiebel
2 Knoblauchzehen
1 EL Öl zum Andünsten
125 ml Rot- oder Weißwein
500 ml Wasser
1–2 TL Salz oder gekörnte Brühe

Für die Vinaigrette
125 ml Rot-/Weißwein-Essig
250 ml Sonnenblumenöl
1 TL Honig
Salz, Pfeffer
3 Lauchzwiebeln
1 Bund glatte Petersilie
Tomaten zum Garnieren

Zubereitung

Knoblauchzehen pressen, Zwiebel schälen und fein hacken. Beides mit 1 EL Öl in einen Topf geben und kurz anschwitzen lassen.
Gewaschene Linsen zugeben und mit andünsten.
Möhren schälen und in kleine Würfelchen („Brunoise") schneiden und zugeben.
Mit dem Rot- oder Weißwein und einem halben Liter Wasser angießen.
Mit Kräutersalz oder gekörnter Brühe würzen.
Die Linsen auf mittlerer Flamme quellen lassen, gelegentlich umrühren und nach Bedarf noch etwas Wasser zugeben. Die Linsen köcheln lassen, bis sie gar, aber noch bissfest sind.
Die Linsen abseihen und noch warm in die Vinaigrette geben. Fein gehackte Petersilie und Lauchzwiebel-Ringe zugeben. Mit Tomaten dekorieren und servieren.

ROTE-BETE-CARPACCIO

für 4 Personen

Zutaten

2 Rote Beten (abgekocht und geschält)
200 g gewürfelter Schafskäse
1 Apfel, in Würfel oder Scheiben geschnitten
2 EL dunkler Balsamessig
6 EL Rapsöl
1 Knoblauchzehe, zerdrückt
1 Prise Zucker oder Honig
Salz, Pfeffer
Mangoldblättchen für die Dekoration

Zubereitung

Abgekochte Rote Beten in ganz feine Scheiben schneiden. Die Scheiben auf einer Platte schön gefächert drapieren. Aus Essig, Öl und Gewürzen eine Vinaigrette rühren. Die Vinaigrette gleichmäßig über die Rote-Bete-Scheiben träufeln. Etwa 10–20 Minuten marinieren lassen. Apfelstücke und Schafskäse vor dem Servieren darübergeben und mit Mangoldblättchen dekorieren.

TIPP

Die Vinaigrette ist aromatischer, wenn sie einige Zeit im Voraus bereitet wird und durchziehen kann.

SAUERKRAUTMARMELADE

für 3–4 Gläser à 450 ml

Zutaten

750 ml Sauerkrautsaft
100–200 g Sauerkraut
500 g Gelierzucker 2:1
2–3 Lorbeerblätter
6 Pfefferkörner, zerrieben
6 Wacholderbeeren

Zubereitung

Alles in einen Topf mit Deckel geben und 2–3 Tage im Keller gut durchziehen lassen. Die Gewürze entfernen und die Masse aufkochen lassen, bis sie geliert. Heiß in Schraubgläser abfüllen.

Gut zu wissen!

Sauerkrautmarmelade, „confiture“ oder „confit de choucroute“, ist im Elsass nicht ungewöhnlich und stellt eine beliebte Beigabe zu Ente und Gans sowie Fleischpasteten dar. Inspiriert vom „Kappesfest“ im Bauernhofmuseum Eckenhagen, wo es auch Sauerkrautmarmelade zu kaufen gibt, probierte ich in meiner Küche einige Geschmacksvarianten aus. Auch in Kombination mit geriebenen Äpfeln und etwas Nelke, Zimt und Zitronenabrieb oder mit Zwiebeln lässt sich der Aufstrich einkochen.

TIPP

Die Sauerkrautmarmelade passt hervorragend zur Gans zu Sankt Martin oder Weihnachten. Und für Vegetarier ist sie eine gute Alternative zum Schmalzbrot!

WALNUSS-PESTO

für 2 Gläser à 250 ml

Zubereitung

Die Walnusskerne mit heißem Wasser überbrühen und nach rund 10 Minuten die Schalen mit den Fingern abstreifen. Die trocken getupften Walnusskerne in einer Pfanne goldgelb rösten. In einem Mörser zerstoßen. Hartkäse reiben, Kräuter und Knoblauchzehe fein hacken. Die Zutaten ohne den Käse in einen hohen Becher geben, Öl zugeben und nach Belieben noch einmal pürieren. Käse zum Schluss unterheben, mit den Gewürzen abschmecken und in Gläser füllen. Das Pesto hält sich im Kühlschrank 2–3 Wochen.

Zutaten

1 großer Bund Basilikum, Petersilie, Giersch, Rauke oder Bärlauch (frisch)
125 g Walnusskerne
125 g geriebener Hartkäse
1 Knoblauchzehe
250 ml Walnussöl
Pfeffer, Salz, Zucker

TIPP

Das Pesto schmeckt gut zu Eiern, kalten Gemüse- und Fleischplatten und eignet sich zum Verfeinern von Suppen und Saucen. Wer keine Walnüsse mag, kann alternativ auch Sonnenblumenkerne und Sonnenblumenöl nehmen.

WILDKRÄUTERSALAT
MIT GERÄUCHERTEM SAIBLING

für 4–6 Personen

Zutaten

200 g gemischte Wildkräuter (wie Löwenzahn, Ackersenf, Sauerklee, Schafgarbe, Wegerich, Günsel) und aus dem Garten junger Spinat, Pimpinelle, Giersch
pro Person 1–2 geräucherte Saiblingsfilets, alternativ Forellenfilets (küchenfertig)

Für die Vinaigrette
12 EL Sonnenblumenöl
6 EL Rotweinessig
1 Zweig Rosmarin
1 rote Zwiebel
Salz, Pfeffer, Zucker
2 EL Sauerrahm nach Belieben

Zubereitung

Die Kräuter verlesen, vorsichtig waschen und trocken schütteln. Die Forellenfilets nach Belieben kalt servieren, erhitzen oder braten. Rosmarinnadeln vom Zweig zupfen und fein hacken. Zwiebel schälen und ebenso fein hacken. Zusammen mit Essig und Öl verrühren und abschmecken. Nach Belieben die Vinaigrette zusätzlich pürieren und etwas Sauerrahm unterziehen. Den Salat mit der Vinaigrette mischen und etwas durchziehen lassen. Mit den Fischfilets dekorieren. Für die Dekoration eignen sich außerdem essbare Blüten wie Hornveilchen, Gänseblümchen, Löwenzahn, Tagetes oder Rosenblätter.

TIPP

Der Salat schmeckt auch vegetarisch mit pochierten Eiern oder Schafskäse. Zur Vorspeise kleinere Portionen mit je einem Forellenfilet servieren.

AUS DEM HÜHNERSTALL
SPEISEN RUND UMS EI

Täglich frisch auf den Teller: das bergische Ei

Eier zählen im Bergischen Land – genau wie Kartoffeln – zum Grundstock der Vorratskammer. Früher hatte fast jede Familie mit einem Stückchen Land hinter dem Haus auch einen Stall mit eigenen Hühnern. Besonders nach der Fastenzeit hatten sich viele Eier angesammelt, die im Frühjahr zu leckeren Speisen verarbeitet wurden. Ob gekocht, gebraten, gebacken oder schaumig aufgeschlagen – Eier sind die Hauptzutat vieler traditioneller Speisen. Neben Omelettes und Speckeiern zählen auch Eier- oder Pfannkuchen, Waffeln, Krapfen und Eierstreichbreie zu den regionaltypischen Zubereitungen. Sowohl der „Pannenbrei", ein flüssiges Rührei mit Speck, als auch der „Eierkäse", eine Art Eierstich, sind einer Selbstversorger-Küche mit einfachen Zutaten entsprungen. Beide werden als Brotbelag zu Schwarzbrot gegessen. Während man zur Bergischen Kaffeetafel im Städtedreieck Solingen-Remscheid-Wuppertal neben Waffeln knusprige Gusszwiebäcke und Burger Brezeln reicht, bereitet man im Oberbergischen Raum gerne schaumige Eierkuchen und Schmalzgebäck. Welche köstlichen, zuweilen auch außergewöhnlichen Eier-Rezepte die Region im Einzelnen bereithält, verrät das folgende Kapitel.

Heimische Bräuche rund ums Ei

Das Ei ist im Bergischen Land nicht nur eine Zutat für Speisen, sondern auch eines der ältesten Brauchtumssymbole. Nicht nur zu Ostern, sondern auch im Mai wird das Ei als Zeichen für den Frühling und die Fruchtbarkeit besonders in Szene gesetzt. Früher war es vielerorts üblich, eine Dorfeierkrone zu flechten. Das kunstvolle Werk besteht aus mehreren Hundert ausgeblasenen und aufgereihten Eiern und wurde traditionell neben dem Maibaum aufgehängt. Am Pfingstsamstag ziehen einige Dorfgemeinschaften noch heute aus, um mit Pfingstliedern in der Nachbarschaft um Eier zu bitten. Der Ursprung des Eiersingens, so vermutet man, fußt auf dem landwirtschaftlichen Kalender. So gingen die Knechte im Frühjahr von Hof zu Hof, um ihren Lohn durch Eier – die ein beliebtes Zahlungsmittel waren – aufzubessern.

Gemeinsames Eierkuchen-Essen

Außer diesem Heischebrauch an Pfingsten kennt das Bergische Land noch viele weitere Eierbräuche. Die dabei eingesammelten Eier verarbeitet die Dorfgemeinschaft zu Eierspeisen wie „Peistkooche" (Pfingstkuchen), Rührei oder Waffeln.

BUNTE EIER-TORTELETTS

für einen Tortenboden mit 26 cm oder 6–8 Torteletts à 10–12 cm Ø

Zutaten

250 g Weizen- oder Dinkelmehl
1 Prise Salz
1 Ei
1 Eigelb
125 g weiche oder flüssige Butter
Fett und Brösel für die Backform

Für die Eierfüllung
4 Eier
100 g Schmand
Salz, Pfeffer, Muskat
eine kleingehackte Zwiebel und eine Knoblauchzehe

Für die Füllung (Geschmackszutaten)
100 g Schinkenspeck-Würfel und zwei klein geschnittene Frühlingszwiebeln oder 100 g Schinkenspeck-Würfel und eine geriebene Kartoffel oder 100 g gebratenes Hackfleisch und 100 g geriebener Käse oder 100 g Forellenfilet-Stückchen und ein kleiner Bund gehackter Dill oder 150 g gedünstetes Gemüse (z. B. Möhrenstreifen, gehackte Gartenmelde, Mangold oder Kohl) und nach Belieben Schafskäse-Stückchen (Feta-Art)

Zubereitung

Die Zutaten für den Teig in eine Schüssel geben und mit der Hand oder mit Knethaken (auf kleiner Stufe) zu einer homogenen Masse verarbeiten.
Den Teig zu einer Kugel formen und mindestens eine Stunde in Folie eingewickelt kalt stellen.
Den Teig ausrollen und in die gefettete und mit Bröseln ausgestreute Form drücken.
Für die Eierfüllung Eier und Schmand verquirlen, mit den Gewürzen abschmecken.
Zunächst den Teig ohne Auflage bei 190°C rund 15 Minuten blindbacken, dann die Geschmackszutaten und Eier-Füllung auf den Teig geben und weitere 15–20 Minuten lang fertig backen lassen. Die kleineren Torteletts sind schon etwas schneller goldbraun! Mit einem frischen Salat anrichten.

KÜRBISTARTE MIT SCHAFSKÄSE

für eine runde Kuchenform mit 26–28 cm Ø

TIPP

Probieren Sie die Tarte auch mit Kartoffeln und Möhren. Zum Erntedank-Fest passt der herzhafte Kuchen übrigens vortrefflich.

Zutaten

1 Hokkaido-Kürbis (ungeschält)
6 Eier
125 g Schafskäse
100 g geriebener Gouda-Käse
2 Zwiebeln
50 g Grieß
1 Bund Schnittlauch, Petersilie
Salz, Pfeffer, Muskat

Zubereitung

Hokkaido-Kürbis waschen und halbieren. Die Kerne entfernen und die Hälfte des Kürbisses der Länge nach in dicke Scheiben schneiden und in einer Pfanne mit wenig Wasser und etwas Salz knapp gardünsten. Die andere Hälfte des Kürbisses grob raspeln und zusammen mit klein geschnittenen Zwiebeln und Knoblauch, Eiern, Gouda-Käse sowie Grieß und gehackten Kräutern in einer Schüssel zu einem Teig verarbeiten.
Den Teig in die gefettete Backform einfüllen und mit dem Schafskäse und den Kürbisscheiben dekorieren.
Bei 180°C (Umluft) rund eine Stunde backen, bis der Käse bräunt.
In Stücke schneiden und servieren.

PANNENBREI

für 2 Personen

Zutaten

2 Eier
1–2 EL Mehl
je 1 Prise Salz und Zucker
250 ml Milch
Speckwürfel nach Belieben

Gut zu wissen!

Der Pfannenstreichbrei ist ein beliebter Brotaufstrich fürs Sonntagsfrühstück. Mancherorts nennt man ihn auch „Schmeerbrei", „Wöschbrei" oder „Wischebrei", da man früher die Pfanne auf den Tisch stellte und jedes Familienmitglied mit einem Stück Brot den Brei aus der Pfanne wischte. Auch in süßer Variante ist der Pannenbrei bekannt. Man gibt einfach etwas mehr Zucker in den Teig und lässt den Speck weg.

Zubereitung

Eier, Mehl und Salz verrührt man mit der Milch zu einem dünnen Teig. Die Speckwürfel in der Pfanne auslassen. Den Teig darüber geben und mit dem Pfannenwender durchrühren. Den Teig stocken lassen. Er darf allerdings nicht zu fest werden.

EIERKÄSE

für 4 Personen

Zutaten

10 Eier
1,5 Liter Vollmilch
je 1 Prise Salz und Zucker

TIPP
Alternativ mit Zucker und Zimt bestreuen.

Zubereitung

Alle Zutaten miteinander verrühren und in eine Metallschüssel geben. Die Masse im Wasserbad stocken lassen und auf ein feines Sieb geben. Wenn die Masse abgetropft ist, stellt man sie kühl. Den Eierkäse nach dem Erkalten in Scheiben schneiden und als Brotauflage zu Schwarzbrot reichen. Mit frischen Kräutern bestreuen!

LEINEWEBER

für einen großen Pfannkuchen

Zutaten

600 g gekochte Kartoffeln oder Kartoffelreste vom Vortag
Speckwürfel
2 Eier
2 EL Weizenmehl
Milch
Salz, Pfeffer, Muskat
Lauchzwiebelringe oder gehackte Kräuter nach Geschmack
Fett für die Pfanne nach Bedarf

Gut zu wissen!

Den Kartoffelpfannkuchen – ähnlich einer spanischen Tortilla – bereiteten sich die Textilarbeiter, früher Leinenweber, als einfache Mahlzeit.

Dazu reicht man Schwarzbrot und Apfelkraut, Apfelkompott oder einen grünen Salat.

TIPP

Wer statt der Kartoffeln verschiedene gedünstete Gemüse und geriebenen Käse nimmt, erhält ein leckeres Bauernomelette mit Käse.

Zubereitung

Die Kartoffeln in dünne Scheiben schneiden. Die Speckwürfel in der Pfanne auslassen und die Kartoffelscheiben darin braten. Die Eier mit Milch und Mehl verschlagen und würzen. Den Eierkuchenteig über die Kartoffel-Speck-Masse geben, stocken lassen und von beiden Seiten ausbacken. Dafür den Pfannkuchen mithilfe eines Topfdeckels wenden oder im Backofen bei Oberhitze zu Ende backen lassen.

DRÜGEN RÖTSCH
(BUCHWEIZENPFANNKUCHEN)

für 4 Personen

Zutaten

2 Eier
250 g Buchweizenmehl
250 ml heißer Kaffee und 250 ml Wasser oder alternativ 500 ml Milch
2 Äpfel, in Ringe geschnitten
1 Zwiebel, in Ringe geschnitten
100 g Speck
Salz
Sauerrahm
Fett für die Pfanne

Zubereitung

Mehl und Kaffee in einer Schüssel zu einem Teig verrühren und quellen lassen. Wasser, Eier und Salz zugeben und glatt rühren. Etwa 20 Minuten ruhen lassen.
In einer ausreichend großen Pfanne das Fett erhitzen und portionsweise die Apfelscheiben mit dem Speck und den Zwiebeln anbräunen. Jeweils etwas Teig darüber gießen und den Kuchen goldbraun backen. Man kann Speck und Zwiebeln auch separat anbräunen und später über die Kuchen geben.

Gut zu wissen!

Ohne Speck und Zwiebeln schmeckt das Rezept auch nur als süßer Apfel-Pfannkuchen. 2 EL Zucker kommen dann noch zusätzlich mit in den Teig. In der Gastronomie wird der Eierkuchen ebenso als „Kottenpfannkuchen" mit Speck und Kottenwurst angeboten. Die grobe Mettwurst wurde früher von den Schleifern in ihren Werkhütten („Kotten") auf einem Schwarzbrot verzehrt.

TIPP

Probieren Sie den „Drügen Rötsch" – so heißt der Buchweizenpfannkuchen im Bergischen – statt mit Buchweizen- auch als Hafer- oder Dinkelmehlrötsch!

GRÜNE EIERKUCHENROULADE

für 3–4 Eierkuchen

TIPP

Die Roulade schmeckt auch mit Obstfüllung. Für den Obstpfannkuchen rundet man den Teig mit einer Prise Salz, einem Teelöffel Zucker sowie etwas Vanillc und Zimt ab.

Zutaten

2 Eier
250 ml Milch
100 g Weizenmehl
Salz, Pfeffer, Muskat
Fett zum Ausbacken
Schnittlauch
gedünstete Gemüse der Saison

Für die Rahmsauce
250 ml Sahne
1 TL Butter
1 TL Stärkemehl
Kräuter der Saison, gehackt

Zubereitung

Eier, Milch und Mehl zu einem glatten Teig verrühren.
Mit Gewürzen und Schnittlauch abschmecken. Den Teig rund 20 Minuten ruhen lassen. Dann in einer gefetteten Pfanne portionsweise die Eierkuchen ausbacken, bis sie von beiden Seiten goldbraun sind.
Mit dem vorbereiteten Gemüse füllen und aufrollen. Nach Geschmack mit zwei Schnittlauchstängeln zubinden.
Die Kuchen warmstellen.
In der Zwischenzeit die Butter schmelzen lassen, mit Stärkemehl verrühren und die Sahne zugeben. Kurz aufkochen lassen und mit Salz und Kräutern abschmecken. Kurz vor dem Servieren die Kuchen mit der Sauce auf dem Teller arrangieren.

OBERBERGISCHER EIERKUCHEN

für einen großen oder vier kleine Eierkuchen

Zutaten

4 Eigelbe
4 Eiweiße
1 Prise Salz
1 EL Weizenmehl
2 EL Milch
Fett

Für den süßen Eierkuchen
Zucker zum Aufstreuen und Preiselbeerkompott

Für den herzhaften Eierkuchen
50 g Speck, in Streifen geschnitten

Gut zu wissen!

Der Oberbergische Eierkuchen ist auch als Lieberhäuser oder Rengser Mühlens Eierkuchen bekannt. Er stammt aus der Ortschaft Bergneustadt-Niederrengse, die früher zu Lieberhausen gehörte. Der Eierkuchen mit Eischneefüllung ist einem Schaumomelette ähnlich und im Original so hoch und breit wie eine Torte. In der ortsansässigen Gastronomie wird er nach einem alten, gut gehüteten Familienrezept mit 8–10 Eiern pro Kuchen bereitet. Wer einen Oberbergischen Eierkuchen zubereiten möchte, braucht etwas Übung. Backen Sie für den Anfang einfach vier kleine Kuchen.

Zubereitung

Die Eigelbe mit Milch, Salz und Mehl zu einem Eierkuchenteig rühren. Für einen großen Eierkuchen die Hälfte des Teigs in einer gefetteten Pfanne zu einem dünnen Eierkuchen stocken lassen. Das steif geschlagene Eiweiß auf den Eierkuchen geben und bei mittlerer Hitze einige Minuten ziehen lassen. Den Eierkuchen auf einen Teller gleiten lassen und aus dem restlichen Teig einen zweiten Kuchen backen. Den ersten Eierkuchen darauf stülpen. Nach wenigen Minuten den Kuchen im Backofen bei Oberhitze rund zwei Minuten noch etwas gehen lassen. Den süßen Eierkuchen vor dem Servieren mit Zucker bestreuen.
Den herzhaften Eierkuchen statt in Fett in ausgelassenen Speckstreifen backen.

WORBELLEKOOCHE

für 4–6 Pfannkuchen

Zutaten

200 g Waldbeeren
4 Eier
400 ml Milch
250 g Mehl (Weizen, Dinkel, Buchweizen oder Hafer)
2 EL Zucker
1 Prise Salz
Fett für die Pfanne
Puderzucker

Zubereitung

Die Eier und die Milch verschlagen. Zucker, Salz und gesiebtes Mehl zugeben. Den Teig eine gute halbe Stunde ruhen lassen.
Die Waldbeeren verlesen, vorsichtig waschen und trockentupfen. Den Teig portionsweise in die gefettete Pfanne geben. Die Waldbeeren auf dem Teig verteilen und die Pfannkuchen bei mittlerer Hitze von beiden Seiten ausbacken und nach Geschmack mit Puderzucker bestäuben.

Gut zu wissen!

Im Bergischen Land heißen Waldbeeren mundartlich „Worbelle" oder „Wolbern". Da viele Kirchweihfeste in die Erntezeit der Waldbeere und der Pflaume fallen, kennt man auch die Worbelle- und die Prumme-Kirmes. Man reicht selbstverständlich Worbellekooche und Prummetate.

TIPP

Wer Pfannkuchen gerne besonders luftig mag, trennt die Eier und hebt das Eiweiß – locker aufgeschlagen – zum Schluss unter den Teig.

BALLEBÄUSCHEN
MIT HIMBEERMARK

für 30 Stück

Zutaten

250 g Weizenmehl
125 ml lauwarme Milch
2–3 Eier
1 Prise Salz
1 gestrichener EL Zucker
20 g Hefe
2 EL saure Sahne
etwas abgeriebene Zitronenschale oder Rum
Öl oder Butterschmalz zum Ausbacken

Für das Himbeermark
250 g frische oder tiefgekühlte Himbeeren
einige Spritzer Zitronensaft
Zucker

Zubereitung

Aus einem Teil des Mehls, dem Zucker, der Hefe und der Milch einen Hefe-Vorteig bereiten. Diesen eine gute halbe Stunde gehen lassen. Die restlichen Zutaten zugeben und den Teig noch einmal einige Zeit gehen lassen, bis er sich nahezu verdoppelt hat.
In die Vertiefungen der Augenpfanne etwa 1 cm hoch Öl einfüllen oder entsprechend viel Butterschmalz. Wenn das Fett heiß ist, den Teig portionsweise mit einem Löffel in die Mulden setzen und von beiden Seiten goldbraun ausbacken. Nach Bedarf weiteres Fett zugeben. Alternativ den Teig schwimmend in Fett ausbacken. Noch warm mit Puderzucker bestäuben oder in Zimt-Zucker wälzen und sofort servieren.
Für das Himbeermark frische Früchte verlesen und vorsichtig waschen. Tiefgefrorene Früchte auftauen und abtropfen lassen, in ein hohes Gefäß geben und pürieren.
Mit Zitronensaft und Zucker abschmecken.
Nach Belieben durch ein Sieb streichen.

Gut zu wissen!

„Ball(e)bäuschen", „Bollebäuskes" oder auch „Bomböschen" zählen zu den rheinischen Schmalzgebäcken. Sie werden in einer Spezialpfanne, die heute unter der Bezeichnung „Augenpfanne" erhältlich ist, zubereitet. Früher backte man den Teig in der „Ballebäuschen-Pfanne" über dem offenen Feuer aus.
In Heimatmuseen kann man die speziellen Pfannen, darunter auch Eierpfannen, aus Gusseisen, Keramik oder Emaille noch heute über dem Herd hängend bewundern.

MILCHREISPLÄTZCHEN

für 6–8 Plätzchen

Zutaten

500–750 ml Milchreis steif gekocht (Rest vom Vortag oder aus 500 ml Milch, 125 g Milchreis, 30 g Zucker frisch zubereitet)
1 Eigelb
1 Eiweiß, zu Schnee geschlagen
2–3 EL Grieß oder Stärkemehl (je nach Feuchtigkeit der Masse)
Zucker, Zimt
40 g Rosinen
Öl zum Ausbacken

Gut zu wissen!

„Stiewe(n) Ries“ nennt man im Bergischen Land süßen, steif gekochten Reisbrei. Er wird mit Fruchtkompott gereicht, in Scheiben geschnitten aufs Brot gelegt oder warm zu Bergischen Waffeln gegessen. Reste ließ man nicht verkommen – so entstanden Gerichte wie dieses.

TIPP

Wenn der Teig nach dem ersten Backen noch zu feucht erscheint, sollte man noch etwas Grieß zugeben.

Zubereitung

Milchreis und Eigelb verrühren, den Eischnee und die Rosinen unterheben, nach Bedarf Grieß oder Stärkemehl sowie etwas Zucker und Zimt zugeben. Den Teig etwa 20 Minuten ruhen lassen.
Öl in einer hohen Pfanne heiß werden lassen. Aus dem Milchreis Plätzchen abstechen und im heißen Öl von beiden Seiten knusprig ausbacken.
Die Plätzchen mit Puderzucker bestäuben und mit Apfelmus oder Fruchtkompott servieren, Vanillesauce passt ebenso dazu.

WAFFELN
MIT HEISSEN KIRSCHEN UND SAHNE

für 8–10 Waffeln

Zutaten

125 g weiche Butter
75 g Zucker
1 Päckchen Vanillezucker
1 Prise Salz
3 Eier
250 g Mehl (vorzugsweise Buchweizen oder Dinkel)
½ TL Backpulver
200 ml Buttermilch oder Joghurt
2 EL brauner Rum
Für die Kirschen
ein Glas Sauerkirschen
2 TL Stärkemehl zum Binden
ggf. etwas Zucker, Zimt oder Rum

Für die Sahne
250 ml Sahne
2 TL Zucker oder Vanillezucker

Gut zu wissen!

Eine Waffel mit Kirschen und Sahne, die zusätzlich noch mit Milchreis und Vanille-Eis auf den Tisch kommt, heißt in der Gastronomie „Bergische Waffel komplett". Auch herzhafte Waffeln mit Kartoffeln und Speck kennt man im Bergischen Land. Mehr dazu erfahren Sie im Kapitel „Frisch vom Feld – Kartoffelgerichte und Beilagen".

Zubereitung

Aus den Zutaten für die Waffeln einen Rührteig bereiten. Diesen 20 Minuten ruhen lassen und dann im Waffeleisen portionsweise ausbacken.
Die Kirschen abtropfen lassen und den Saft mit dem Stärkemehl verrühren und aufkochen lassen. Mit Zucker und Zimt abschmecken und die Kirschen zugeben.
Die Sahne mit dem Zucker steif schlagen.
Die warmen Waffeln mit den heißen Kirschen und der Sahne anrichten und sofort servieren.

PUFFERTSPLÄTZCHEN

für 12 Plätzchen

Zutaten

250 g Mehl
20 g Hefe
125 ml lauwarme Milch
1 Ei
1 Prise Salz
1 TL Zucker
1 Apfel
2 TL Rosinen
Fett

Gut zu wissen!

Puffertsplätzchen werden traditionell mit Hefe bereitet. Wer möchte, kann für den Teig stattdessen auch 2 TL Backpulver und 50 g weiche Butter nehmen.

Zubereitung

Die Hefe mit der Milch, dem Zucker und etwas Mehl zu einem Vorteig ansetzen. Nach einer halben Stunde das Ei, die Prise Salz und das restliche Mehl zugeben. Alles zu einem glatten Teig verkneten. Den Apfel schälen und in Stückchen schneiden. Zusammen mit den Rosinen unter den Teig heben.

In einer Pfanne im heißen Fett kleine Plätzchen ausbacken. Wenn die Plätzchen von beiden Seiten goldgelb sind, bestreut man sie mit Zimt-Zucker und reicht sie mit Apfel- oder Quittenmus.

Bergische Fleisch- und Wurstspezialitäten

In der kalten Jahreszeit – vom Spätherbst bis zum Frühjahr – fanden früher Hausschlachtungen statt. Noch bis in die 1950er-Jahre machten auch Selbstversorger Fleisch durch Einkochen, Pökeln und Räuchern haltbar. Mit einer Mischung aus Salpeter und Salz rieb man Schinken ein und presste ihn angefeuchtet in eine Tonne. Mit kaltem, abgekochtem Wasser füllte man die Tonne auf. Die eingesalzenen Fleischstücke räucherte man später im Rauchfang des offenen Feuers oder in einer Räucherkammer. Kein Wunder, dass man so viele Rezepte mit Schinkenspeck in der Bergischen Küche findet! Mit den Resten vom Schlachten bereitete man Sülzen, Blut- und Leberwürste sowie „Panhas", eine mit Buchweizenmehl und Blut gestreckte Grützwurst. Diese Wurst tischte man gerne gebraten mit Zwiebeln zum Schlachtfest Familie und Freunden auf. Besonders gute Stücke weckte man als Suppenfleisch oder Sauerbraten für besondere Festtage ins Glas ein. Vor allem Rindfleisch galt als kostbar und wurde meist nicht für den Eigenbedarf vorgesehen, sondern verkauft. Der eigene Sonntagsbraten war daher oft ein Schweine- oder auch ein Kaninchenbraten.

Heimische Rassen- und Sortenvielfalt genießen

In früheren Zeiten hielten fast alle Nebenerwerbslandwirte, zu denen auch viele Landgasthöfe zählten, eigene Schweine. Bis heute ist Schweinefleisch auf den Speisekarten des Bergischen Landes prägend, wenn auch die Angebote aus heimischer Erzeugung stark rückläufig sind. Als besondere Spezialitäten bieten Direktvermarkter heute Ochsenfleisch und Wurstwaren besonderer Rassen wie dem Fleckvieh, dem Roten Höhenvieh, dem Angus- oder dem Glanrind an. Bei den Schafen findet man Heidschnucken, Bentheimer Landschafe oder Bergschafe. Höfe mit einer vielfältigen Landwirtschaft setzen bei ihren Tieren bewusst auf Mehrnutzungstypen, die Milch und Fleisch geben sowie durch Beweidung die Landschaft erhalten. Im Geflügelbereich schätzt man Hähnchen, Suppenhühner, Puten, Enten und Gänse. Auch Wildfleisch ist über die heimischen Jäger im Angebot.

Entlang der Wupper, wo sich früher zahlreiche wasserangetriebene Werkhütten („Kotten") zur Fertigung der berühmten Solinger Klingen befanden, bekommt man noch heute die „Kottenbutter" angeboten. Dieses mit geräucherter Mettwurst, Zwiebeln und Senf belegte Schwarz- oder Graubrot war früher eine typische Mahlzeit der Schleifer. Die Wurst wird mitunter noch immer aus Pferdefleisch hergestellt.

Über Regionalvermarktungsinitiativen wie „bergisch pur", „Vielfalt schmeckt" oder „Bauern in Wuppertal" erfahren Sie, wo man bergische Erzeugnisse kaufen kann.

SAUERBRATEN
VOM RIND ODER PFERD

für 4 Personen

Zutaten

1,2 kg Rind- oder Pferdefleisch ohne Knochen aus der Keule, Schulter oder Hüfte

Für die Marinade

750 ml Weißweinessig
750 ml Wasser
2 Zwiebeln, in Ringe geschnitten
Salz, 6 Nelken, 6 Lorbeerblätter

Für den Braten mit Sauce

2 EL Schmalz
2 Möhren
1 Lauchstange
1 Scheibe Schwarzbrot, in Würfel geschnitten oder Speisestärke
Rosinen und Apfelkraut nach Belieben
Salz, Pfeffer

Gut zu wissen!

Für den „Suurbroden“ nimmt man im Bergischen Land auch gerne Pferdefleisch. Besonders in Solingen ist es eine traditionsreiche Spezialität. Nirgendwo sonst in der Region gibt es mehr Pferdemetzgereien als hier.

Zubereitung

Zwei bis drei Tage im Voraus die Zutaten für die Marinade aufkochen und abkühlen lassen. Das Fleisch waschen und mit dem Essigsud vollständig bedeckt in einem geschlossenen Behälter durchziehen lassen. Das Fleisch täglich wenden und vor der weiteren Zubereitung aus dem Sud herausnehmen und abtrocknen.
Fett in einem ausreichend großen Bräter erhitzen und das Fleisch von allen Seiten darin anbraten. Etwas von dem Essig-Sud mit den Zwiebeln sowie klein geschnittene Lauchstangen- und Möhrenstücke zugeben und das Bratenstück rund anderthalb Stunden schmoren lassen. Den Braten während der Garzeit mehrfach wenden und nach Bedarf noch etwas Sud zugeben. Das fertig geschmorte Fleisch aus dem Bratensaft herausnehmen und erkalten lassen, in Stücke schneiden. Den Bratenfond durchsieben und die Sauce mit Schwarzbrot oder Speisestärke binden, mit Rosinen und Apfelkraut sowie Salz und Pfeffer abschmecken. Das Bratenstück in Scheiben schneiden und in der Sauce erhitzen. Mit Rotkohl und Kartoffelklößen reichen.

GÄNSEBRATEN

für 8 Personen

Zutaten

1 Gans (4–5 kg, küchenfertig)
500 g geviertelte Äpfel
(ohne Kerngehäuse, Stiel- und Blütenansatz)
500 g geviertelte Zwiebeln
Salz, Pfeffer, 2 Stängel Beifuß,
Honig
einige Lorbeerblätter, Wacholder, Nelke und Zimt nach Geschmack
Wasser oder Brühe und Rotwein
Nadel und Küchengarn zum Verschließen der Gans
Stärkemehl

Gut zu wissen!

Im Bergischen Land finden ab Sankt Martin bis Weihnachten traditionelle Gänse-Essen statt. Der Brauch geht nicht nur auf die Legende vom Heiligen Martin von Tours zurück, sondern auch auf einen landwirtschaftlichen Termin. Für viele Bauern war der 11. November früher der Tag, an dem sie ihre Pacht an den Grundherren zahlen mussten. Gänse und anderes Federvieh waren dazu neben Getreide ein beliebtes Zahlungsmittel.

Zubereitung

Die Gans waschen, den Flomen entfernen, abtrocknen und von innen salzen. Mit den Apfel- und Zwiebelstücken füllen, einen Stängel Beifuß und die anderen Gewürze nach Belieben mit in die Gans geben und diese mit Nadel und Küchengarn verschließen.
Die Gans mit der Brust nach unten in eine Fettpfanne auf die untere Einschubleiste des Backofens geben. Das Fleisch mit gesalzenem Wasser oder Brühe angießen, sodass es mehrere Zentimeter hoch mit Flüssigkeit bedeckt ist. Die Gans im vorgeheizten Ofen bei 180°C (Unter-Oberhitze) eine Stunde lang braten. Die Gans wenden und mit einem Holzstab an den Seiten und unterhalb der Keulen die Haut einstechen, sodass das Fett austreten kann. Den fettreichen Bratensud – falls erforderlich – abschöpfen und vorsichtig noch etwas Wasser zugeben. Den Braten in regelmäßigen Abständen mit dem Sud bestreichen und nach Bedarf Wasser oder Brühe angießen. Nach weiteren zwei Stunden Garzeit das Fleisch abermals bestreichen und gut 20 Minuten bei 200°C bräunen lassen. Die Gans die letzten drei bis fünf Minuten durch Einschalten der Oberhitze oder Grillfunktion knusprig braten und bis zum Servieren noch etwas in der Nachwärme ruhen lassen.
Den Bratensud abschöpfen, entfetten und mit Rotwein und Beifuß aufkochen lassen. Den Beifuß-Stängel entfernen und die Sauce mit Salz, Pfeffer und Honig abschmecken und mit etwas Stärkemehl binden. Die Gans tranchieren und mit der Sauce anrichten. Aus dem Gänseflomen lässt sich ein Apfel-Zwiebel-Schmalz bereiten.

GEBRATENE BLUTWURST
MIT HIMMEL UND ERDE

für 4 Personen

Zutaten

1 kg Kartoffeln
1 kg säuerliche Äpfel
(z. B. Boskoop, Rubinette)
Salz, Pfeffer, Muskat, Zucker
1 Stück Butter
350 ml warme Milch
2 Zwiebeln, nach Belieben ein
Apfel in Scheiben
1 Ring Blutwurst
Butter zum Braten

Gut zu wissen!

Bei den Hofschlachtungen wurden früher alle Teile eines Tieres verwertet – selbst das Blut. Im Bergischen Land kennt man daher verschiedene Blut- und Grützwurstsorten.

Zubereitung

Kartoffeln schälen und in Salzwasser (1 Liter Wasser mit 1 TL Salz) gar kochen.
Äpfel schälen, entkernen und in Viertel schneiden. In etwas Wasser zu einem stückigen Brei kochen lassen. Mit Zucker abschmecken. Die Kartoffeln abgießen und mit dem Kartoffelstampfer zerkleinern. Ein Stück Butter und nach und nach die warme Milch zugeben – bis ein sämiger Brei entsteht. Mit Salz, Pfeffer und Muskat abschmecken. Das Apfelkompott unter das Kartoffelpüree heben und warmstellen.
In der Zwischenzeit Zwiebelringe und nach Belieben auch Apfelscheiben in etwas Butter goldbraun braten. Wer die Zwiebelringe sehr knusprig mag, kann sie vor dem Braten in etwas Mehl wenden. Die Zwiebelringe und Apfelscheiben ebenso warmstellen. Die Blutwurst in dicke Scheiben schneiden, in etwas Mehl wenden und in Butterschmalz ausbacken.

PANHAS

für eine Kastenform oder 6–8 Förmchen

Zutaten

300 g Rinderhackfleisch
300 g Schweinemett
300 g Blutwurst
600 ml kräftige Fleischbrühe
200 g Buchweizenmehl
Salz, Pfeffer, Muskat, Piment
Butterschmalz zum Braten

Zubereitung

Die Blutwurst in Scheiben schneiden. Mit dem Hackfleisch und dem Mett vermengen und mit der Brühe rund 10 Minuten köcheln lassen. Die Gewürze zugeben und weiter köcheln lassen. Das Mehl nach und nach unter Rühren einrieseln lassen, bis ein fester Brei entsteht. In eine kalt ausgespülte Kastenform geben und bis zu zwei Tage kaltstellen – stürzen und in dicke Scheiben schneiden.
Die Scheiben in Mehl wenden und braten.

MÖAKENPOTT

für 4 Personen

Zutaten

1 kg Hammel- oder Lammfleisch aus der Schulter
1 kg Möhren
4 Zwiebeln
Fett zum Anbraten
1 l kräftige Fleischbrühe
2 Äpfel
2 Knoblauchzehen
Salz, Pfeffer, Majoran
etwas Zucker oder Honig
Wasser zum Angießen
frische Kräuter (z. B. Petersilie, Schnittlauch), gehackt

Gut zu wissen!

Hammel- oder Lammgulasch mit Möhrengemüse kennt man im Bergischen Land als „Möakenpott". Im nördlichen Teil des Bergischen Landes, der bereits an das Ruhrgebiet grenzt, schätzt man auch den „Pfefferpotthast". Dazu brät man Rindfleischstücke kräftig an und gibt die gleiche Menge Zwiebeln sowie einige Lorbeerblätter und Nelken dazu. Das Fleisch lässt man solange schmoren, bis es in Fasern zerfällt. Man würzt mit reichlich Pfeffer, nach Geschmack auch mit Kapern und Zitronensaft. Dazu reicht man Salzkartoffeln, Salat oder Gewürzgurken und Rote Bete.

Zubereitung

Das Fleisch, die Möhren, Äpfel und Zwiebeln auf kleine Würfel schneiden. Die Knoblauchzehen häuten und durchpressen. Das Fleisch in heißem Fett ringsherum anbraten, die Zwiebeln und den Knoblauch zugeben und bei mittlerer Hitze mit der Fleischbrühe schmoren lassen. Nach einer guten halben Stunden Möhren- und Apfelstücke zugeben und würzen. Den Eintopf bei kleiner Hitze anderthalb Stunden weiter schmoren lassen. Nach Bedarf etwas Wasser zugeben. Kurz vor Ende der Garzeit sollte die Brühe nahezu verkocht sein. Den Möakenpott abschmecken und die kleingehackten Kräuter aufstreuen. Mit etwas Brot oder Stampfkartoffeln servieren.

WILDRAGOUT

für 4 Personen

Zutaten

1 kg Wildfleisch von Hirsch, Reh, Wildschwein oder Hase (vorzugsweise aus der Schulter oder aus der Keule)
2 Zwiebeln
300 ml trockener Rot- oder Apfelwein
200 ml Brühe
6 Lorbeerblätter, 12 Pimentkörner
Salz und Pfeffer nach Geschmack
2 EL Apfelkraut
Speckwürfel nach Belieben
Fett zum Anbraten

Zubereitung

Das Wildfleisch von Sehnen befreien und in kleine Würfel (3 x 3 cm) schneiden. Zwiebeln putzen und würfeln.
In einem großen Topf das Fleisch mit dem Fett, den Speckwürfeln und den Zwiebeln ringsum anbraten, mit Brühe und Wein ablöschen.
Mit Salz und Gewürzen abschmecken. Das Fleisch bei mittlerer Hitze rund drei Stunden schmoren lassen, nach Bedarf noch etwas Wein oder Brühe zugeben.
Dazu passen Kartoffelplätzchen und Rosenkohl.

Gut zu wissen!

Oftmals findet man auf den Speisekarten der Gastronomie den Begriff „Bergischer Fleischtopf“ oder „Hirschpfeffer“ für das geschmorte Würzfleisch. Denn auch Fleisch von Pferd, Rind und Schwein lassen sich nach diesem Rezept zubereiten.

TIPP

Auch mit dunkler Landbiersauce, die mit Apfelkraut und einem Schuss Essig verfeinert wird, schmeckt das Wildragout.

BERGISCHES KRÜSTCHEN
MIT BRATKARTOFFELN

für 4 Personen

Zutaten

4 Schweineschnitzel
6 Eier
6 EL Paniermehl aus altbackenen Brötchen

Für den Gurkensalat
1 Schlangengurke oder 2 kleine Gartengurken
3 EL Öl
1 EL Kräuteressig
1 TL frischer gehackter Dill
Salz, Pfeffer, Zucker

Für die Bratkartoffeln
800 g gekochte Pellkartoffeln in feine Scheiben geschnitten
2 Zwiebeln
200 g Speckwürfel
Butterschmalz
Salz, Pfeffer
frisches Roggenbrot

Zubereitung

Für den Gurkensalat die Gurke waschen, in feine Scheiben schneiden und mit den Zutaten für die Vinaigrette vermengen und durchziehen lassen.
Für die Bratkartoffeln die Zwiebeln in Ringe schneiden und zusammen mit den Speckwürfeln in Butterschmalz auslassen. Die Pellkartoffeln zugeben und goldgelb braten lassen, nach Bedarf noch etwas Fett zugeben. Mit etwas Salz und Pfeffer abschmecken.
Die Schnitzel flachklopfen. Zwei Eier mit etwas Salz und Pfeffer verquirlen. Die Schnitzel durch die aufgeschlagenen Eier ziehen und mit den Brötchenbröseln panieren. In heißem Fett von jeder Seite 6–8 Minuten durchbraten und warmstellen.
Aus den vier übrigen Eiern in einer zweiten Pfanne Spiegeleier braten.
Die Schnitzel mit den Spiegeleiern dekorieren und mit Bratkartoffeln, Roggenbrot und Gurkensalat servieren. Dazu passt ein kühles bergisches Landbier.

Gut zu wissen!

Auch in den Nachbarregionen des Bergischen Landes, im Westerwald, im Sieger- und Sauerland sowie in der Brauhausküche des Kölner Raums, findet man ein paniertes Schweineschnitzel unter der Bezeichnung „Krüstchen“.

HAUSMACHER SÜLZE

für 4 Personen

Zutaten

1 fein gewürfelte Zwiebel
1 zerdrückte Knoblauchzehe
1 Bund klein geschnittenes Suppengemüse
1 kg gepökelter, roher Schinken
15 Blatt Gelatine
1 l Fleischbrühe
4 Lorbeerblätter
6 Wacholderbeeren
4 EL Weißweinessig
4 EL Zucker
150 g gewürfelte Gewürzgurken nach Belieben
Salz, Pfeffer

Zubereitung

Das Fleisch mit dem klein geschnittenen Suppengemüse, den Gewürzen und der Fleischbrühe aufsetzen und bei kleiner Hitze etwa drei Stunden köcheln lassen.
Das Fleisch abschöpfen und die Brühe durchsieben. Fleisch und Brühe am besten über Nacht kaltstellen.
Die Brühe entfetten und erwärmen.
Mit Weinessig, Zucker, Salz und Pfeffer abschmecken. Die Gelatine nach Herstellerangabe auflösen und in die Sülzbrühe einrühren. Das Fleisch in feine Würfel schneiden und mit den Gewürzgurken in eine kalt ausgespülte Kasten- oder Silikonform geben. Mit der Sülzbrühe übergießen und mehrere Stunden im Kühlschrank stocken lassen. Die Sülze kurz in warmes Wasser stellen, sodass sie sich aus der Form löst, stürzen und in Scheiben schneiden.
Mit Schwarzbrot, Butter und Senf oder mit Bratkartoffeln und Remoulade reichen.

Gut zu wissen!

Beim Schlachtfest kochten die bergischen Familien früher die zerkleinerten Schweinefüße, das Schweinskopffleisch samt Backen sowie Zunge bei der Sülzenbereitung mit. Die Zungenhaut zog man nach dem Brühen mit einem Messer ab. Gelatine wurde nicht benötigt, da die Schweinefüße sehr viel Gallerte enthalten. Man machte die Schweinskopfsülze – genau wie Blut- und Leberwurst – gerne in Gläser für den Vorrat ein. Noch heute bekommt man Wurstwaren wie diese bei handwerklich arbeitenden Metzgern nach traditionellen Rezepturen.

GEKOCHTES OCHSENFLEISCH
MIT APFEL-MEERRETTICH-SAHNE

für 4 Personen

Zutaten

Für das Fleisch
1 kg Ochsenfleisch aus der Hüfte (Tafelspitz)
1 Lauchstange
2 Möhren
½ Sellerieknolle
2 Liter Salzwasser

Für die Meerrettichsauce
40 g frisch geriebener Meerrettich
½ Apfel, frisch gerieben
250 ml Sahne, steif geschlagen
Salz, Pfeffer

Für die Bouillonkartoffeln
8–10 mittlere Kartoffeln, geschält und halbiert

TIPP

Alternativ zur „Mairedigzaus" schmeckt auch eine „Öllichzaus" oder „Olkszaus".

Gut zu wissen!

Tafelspitz nennt man das Fleisch aus dem Hüftdeckel. Es ist edel und mager. Der Name „Tafelspitz" rührt von der spitz zulaufenden Form des Fleischstücks. Wer nur eine kräftige Brühe mit etwas Fleischeinlage kochen möchte, verwendet alternativ Querrippe, Beinscheibe, Brust oder Schwanz. Ein Rezept für „Rindfleischsuppe mit Markklößchen" finden Sie im Kapitel „Aus der Region in den Topf – Herzhafte Suppen und Eintöpfe".

Zubereitung

Das Fleisch mit der Brühe und dem klein geschnittenen Gemüse mindestens zwei Stunden kochen lassen.
Etwas Brühe für die Kartoffeln entnehmen und diese in einem separaten Topf als Salzkartoffeln garen.
Apfel und Meerrettich unter die geschlagene Sahne heben und mit Pfeffer und Salz abschmecken.
Fleisch dünn aufschneiden und mit den Kartoffeln und der Sauce servieren.

LAMMKEULE
MIT BACKKARTOFFELN

für 2 Personen

Zutaten

1 Lammkeule (circa 700 g)
2 Knoblauchzehen
4 Schalotten
3 Zweige Rosmarin oder
3 Lorbeerblätter
2 Wacholderbeeren
Fett zum Anbraten
Fleischfond oder Brühe
100 ml Rotwein
100 ml Sahne
Stärke zum Binden
800 g Drillingskartoffeln
6 EL Öl
Salz, Pfeffer, Muskat

Zubereitung

Die Lammkeule abwaschen, trocken tupfen, salzen und im heißen Fett ringsherum in einem ausreichend großen Bräter anbraten. Gewürfelte Schalotten und zerdrückte Knoblauchzehen kurz mit anschwitzen lassen. Mit etwas Fleischfond ablöschen, sodass die Keule zu einem Viertel mit Flüssigkeit bedeckt ist. Die Rosmarinzweige oder Lorbeerblätter zugeben und die Lammkeule (je nach Größe der Keule) anderthalb bis zwei Stunden bei mittlerer Hitze im geschlossenen Bräter schmoren lassen.
In der Zwischenzeit die Drillingskartoffeln waschen, trockentupfen, der Länge nach halbieren und auf ein Backblech geben. Die Kartoffeln mit Öl beträufeln, salzen und pfeffern. Dann bei 180°C gut 50 Minuten goldbraun backen lassen. Nach der Garzeit des Fleisches die Keule entnehmen und warm stellen, zum Beispiel mit auf das Backblech geben und mit einer Alufolie abdecken. In der Zwischenzeit die Sauce bereiten. Für die Sauce den Bratenfond durchsieben, mit Rotwein aufkochen und mit Salz, Pfeffer und Muskat abschmecken. Etwas Stärke mit kaltem Wasser anrühren und die Sauce andicken. Mit Sahne verfeinern. Das Fleisch aufschneiden und zusammen mit der Sauce und den Backkartoffeln servieren. Dazu passt ein grüner Salat.

TIPP

Auch eine Keule vom Hirsch, Reh oder Wildschwein lässt sich nach diesem Rezept bereiten.

BAUERNHÄHNCHEN
(SCHMORHUHN)

für 2 Personen

Zutaten

1 Suppenhuhn oder Hähnchen (küchenfertig)
½ Stange Porree
3 Möhren
3 Knoblauchzehen
3 Zwiebeln
½ Sellerie
2 große gehäutete Fleischtomaten oder eine kleine Dose geschälte Tomaten
½ l trockener Rotwein
Salz, Pfeffer

Zum Abschmecken der Sauce
4 TL Honig
½ bis dreiviertel Liter trockenen Rotwein

Zubereitung

Das Suppenhuhn abwaschen und trocken tupfen. Das Huhn in einem Bräter mit heißem Fett und den Knoblauchzehen scharf anbraten, bis es von allen Seiten gebräunt ist. Dann die gewürfelten Gemüse zugeben, rösten lassen, mit Rotwein angießen und eine gute Stunde lang bei mittlerer Temperatur und geschlossenem Deckel schmoren lassen. Wenden des Huhns nicht vergessen! Dann im Backofen bei 160°C Umluft im geschlossenen Bräter weitere 1,5 Stunden schmoren lassen.
Das Huhn entnehmen. Die Sauce mit Wein aufgießen, mit den ganzen Gemüsen pürieren und noch etwas einreduzieren lassen.
Mit Honig, Salz und Pfeffer abschmecken.
Das Huhn tranchieren und die Keulen ganz sowie die anderen Teile als Stücke in die Sauce geben und wärmen. Dazu passen Brotscheiben, Bauernnudeln oder Kartoffeln.

TIPP

Das Rezept gelingt auch mit vier Putenkeulen.

FORELLE „MÜLLERIN“

für 2 Personen

Zutaten

2 ganze Forellen (küchenfertig)
2 Zitronen
8 Fingermöhren
2 Zwiebeln oder Stücke von Frühlingszwiebeln
etwas Mehl
Fett für die Pfanne

Zubereitung

Die Forellen unter kaltem, fließendem Wasser waschen und trocken tupfen. Die Möhren und die Zwiebeln schälen und achteln, in heißem Fett anrösten und an die Seitenränder der Pfanne schieben.
Die Forellen in Mehl wenden und ebenso in die Pfanne geben. Von jeder Seite etwa sechs Minuten in ausreichend Fett braten. Wenn die Fische ringsherum goldgelb sind, zusammen mit dem Gemüse anrichten. Dazu passen Pellkartoffeln mit zerlassener Butter oder Kräuterquark.

Gut zu wissen!

Schon die Zisterzienser-Mönche, die Anfang des 12. Jahrhunderts in Altenberg (Odenthal) ein Kloster gründeten, züchteten Forellen im Dhünntal. Auch im Lambachtal zwischen Gummersbach und Engelskirchen, an der Sülz und am Merlenbach in Lindlar gedeihen Forellen und Saiblinge. „Müllerin“ heißt die Zubereitungsart der Forelle im Übrigen, weil sie in Mehl gewendet wird.

TIPP

Sehr große Forellen können auch in der Pfanne angebraten und bei 180°C (Umluft) rund 30 Minuten im Ofen garen. Die Forellen kurz vor Garzeit-Ende mit Alufolie abdecken und mit dem Gemüse noch etwas schmoren lassen. Auch Saiblinge oder grüne Heringe lassen sich auf diese Art zubereiten.

ROTER HERINGS-
ODER RÄUCHERFORELLENSALAT

für 4 Personen

Zutaten

2 süß-säuerliche Äpfel
(zum Beispiel Cox Orange
oder Berlepsch)
4 mittlere Pellkartoffeln vom
Vortag (gekocht und gepellt)
4 Herings- oder geräucherte
Forellenfilets
1 Zwiebel
100 g rote Bete (gekocht oder
eingelegte aus dem Glas)
200 g Naturjoghurt oder
Sauerrahm
2 EL gehackter Dill oder
Petersilie
Salz, Pfeffer, einen Schuss Essig
und eine Prise Zucker oder
Honig zum Abschmecken

Gut zu wissen!

„Ruuder Herringsschloot" ist ein beliebtes Gericht, das man neben Kartoffelsalat an Heiligabend oder auch an Silvester auf den Tisch bringt.

TIPP

Nach Belieben kann man dem Salat noch vier kleine Gewürzgurken und 50 g Walnüsse sowie 150 g gekochte Rindfleischwürfel zugeben.

Zubereitung

Die Äpfel und die Zwiebel schälen und in feine Würfelchen schneiden. Die Heringsfilets, die rote Beete und die Pellkartoffeln ebenso in feine Würfelchen schneiden. Alle Zutaten mit dem Joghurt und dem Dill in eine Schüssel geben und vermengen. Die Masse abschmecken und gut durchziehen lassen, eventuell noch einmal etwas nachwürzen. Den Salat mit Brotstangen oder einem deftigen Dinkelvollkornbrot servieren.

FRISCH VOM FELD
KARTOFFELGERICHTE UND BEILAGEN

Wie die Kartoffel in die Bergische Küche kam

Erst gegen Ende des 18. Jahrhunderts etablierte sich die Kartoffel im Bergischen Land. Wie in vielen anderen Regionen waren Ernteausfälle und Hungersnot der Grund, der die Menschen zum Anbau der genügsamen Kartoffel bewegte. Der bergische Lokalhistoriker Olaf Link berichtet, dass der Solinger Fabrikant und Gutsherr Peter Knecht bereits im Jahr 1731 das Nachtschattengewächs aus Frankreich mitbrachte und in der Solinger Hofschaft Schlicken die ersten bergischen Kartoffeln zog. Auch rund um Leichlingen, das als Obstkammer des Bergischen Landes bekannt ist, habe man wenig später die ertragreiche Pflanze angebaut. Nach anfänglichen Vorurteilen gegenüber dem exotischen Anden-Gewächs überzeugte die Kartoffel jedoch nicht nur auf dem Acker, sondern auch in der Küche. Da man den Erdapfel vielseitig zubereiten und gut lagern kann, wurde er zum Hauptnahrungsmittel der bergischen Bevölkerung.

Vielseitig und lecker – morgens, mittags, abends

Bereits zum Frühstück aß man neben Bratkartoffeln („Pfannenscheiben") auch gerne gestampfte Kartoffeln, die in der Pfanne zu kleinen Kuchen („Erpelskoochen") ausgebacken wurden und als Brotbelag dienten. Zum Mittag- und Abendessen waren Pellkartoffeln, sogenannte „Quellmänner" mit Stippsaucen, beliebt. Im Laufe der Zeit entwickelte die Bergische Küche mannigfache Zubereitungsarten für Kartoffelspeisen. Sowohl rohe als auch gekochte Kartoffeln sind Basis für ein variantenreiches Spektrum an Kartoffelpfannkuchen. Die wohl traditionsreichsten und bekanntesten sind „Leineweber" (Eierkuchen mit gekochten Kartoffeln) „Riefplätzche" und „Pillekoochen" (Reibekuchen). Für den Pillekuchen rieb man früher die Kartoffeln auf einer speziellen Reibe mit grobem Blatt (Pillekoochen- oder Schnibbelreibe) in feine Streifen („Piller"). Für Fremde mag ungewöhnlich erscheinen, dass man im Bergischen Land gerne Kraut sowie Schwarzbrot und Milchreis zu den Kartoffelküchlein reicht. Wer sie jedoch einmal gekostet hat, muss staunend zugeben – diese Kombination ist durchaus eine kulinarische Bereicherung.

Feldfrüchte: Gutes vom Acker

Da die Böden in vielen Regionen des Bergischen karg sind, gedeihen außer Kartoffeln größtenteils nur anspruchslose Getreidearten. Früher baute man neben Hafer und Roggen auch Buchweizen an. Wenn die Erträge gering waren, streckte man den Brotteig mit Erbsen, Bohnen oder geriebenen Kartoffeln. Heute kultivieren die Landwirte auch den robusten, nussig schmeckenden Dinkel.

KARTOFFELPLÄTZCHEN
NACH LEINEWEBER ART

für 16 Plätzchen

Zutaten

750 g halbfest bis mehlig kochende Kartoffeln oder Pellkartoffeln vom Vortag
150 g Weizenmehl
1 Ei
Salz, Pfeffer, Muskat
Butterschmalz

Gut zu wissen!

Für den klassischen Leineweber schneidet man gekochte Kartoffeln in dünne Scheiben und übergießt diese mit Eierkuchenteig. Ein Rezept finden Sie im Kapitel „Aus dem Hühnerstall – Speisen rund ums Ei". Mancherorts brät man aus Kartoffelpüree-Resten kleine Kartoffelplätzchen und nennt diese auch Leineweber. Ebenso sind die Begriffe „Erpelskoochen" oder „Äpelsplätzkes" für diverse Kartoffelküchlein bekannt.
Im Herbst gibt es Kartoffel- und Erntefeste, auf denen man die vielfältigen Kartoffelspeisen probieren kann.

Zubereitung

Kartoffeln als Pellkartoffeln garen, abkühlen lassen, pellen und am besten noch warm mit einem Kartoffelstampfer zerdrücken oder durch eine Passiermühle geben, damit eine feine Kartoffelmasse entsteht. Das Ei unterheben und das Mehl nach und nach einarbeiten, bis sich die Masse wie ein Teig anfühlt und gut vom Boden der Schüssel löst, nach Bedarf noch etwas Mehl zugeben. Hände etwas bemehlen und kleine Plätzchen formen. Butterschmalz in einer großen Pfanne mit hohem Rand erhitzen. Plätzchen von beiden Seiten knusprig ausbacken und auf einem Küchenkrepp abtropfen lassen.

ÄPELSPLÄTZKES

für 16 Plätzchen

Zutaten

750 g gekochte Salzkartoffeln
oder Reste von Kartoffelpüree
1 Ei
1 EL Kartoffelmehl
Salz, Pfeffer, Muskat
Fett zum Ausbacken

Zubereitung

Die gestampften Kartoffeln mit Ei und Kartoffelmehl vermengen, abschmecken und zu flachen Plätzchen formen. In heißem Fett von beiden Seiten knusprig ausbacken. Dazu schmeckt Kompott oder ein Fleischgericht mit Kohlgemüse.

KARTOFFELKLÖSSE

für 16 Klöße

Zutaten

1 kg gekochte Pellkartoffeln
1–2 Eier
Salz, Muskat
50 g Weizenmehl
50 g Kartoffelmehl

Zubereitung

Die Pellkartoffeln noch warm pellen und durch eine Passiermühle geben oder Kartoffeln vom Vortag nehmen und fein reiben. Mit Ei, Salz, Muskat und Mehl vermengen und mit angefeuchteten Händen zu runden Klößen formen. Das Wasser aufkochen lassen und auf mittlere Hitze herunterschalten. Die Klöße in das Wasser geben und rund 15 Minuten gar ziehen lassen.

TIPP

Wer's deftig mag, kann auch noch geröstete Brotwürfel oder ein Stück Mettwurst in die Klöße einrollen. Kartoffelklöße passen prima zu Bratengerichten.

KNUD(D)ELN

für 4–6 Personen

Zutaten

1 kg Kartoffeln
2 Brötchen
30 g durchwachsene Speck-würfel
2 Eier
etwas Weizenmehl
Salz, Muskat
Fett
Wasser
Brösel von einem Zwieback oder einer Burger Brezel

Zubereitung

Kartoffeln als Pellkartoffeln garen und abkühlen lassen. Am nächsten Tag die Kartoffeln pellen und fein reiben. Brötchen in Würfel schneiden. Die Speckwürfel mit etwas Fett in der Pfanne anbraten. Brötchenwürfel zugeben und rösten. Die Speck- und Brötchenwürfel, etwas Mehl und die Eier zu den geriebenen Kartoffeln geben und zu einem glatten Teig verarbeiten, der sich gut vom Boden der Schüssel löst. Nach Bedarf noch etwas Mehl zugeben. Mit Salz und Muskat abschmecken. In einem großen Topf rund zwei Liter Salzwasser zum Kochen bringen. Mit bemehlten Händen aus dem Kartoffelteig kleine Klöße formen und im siedenden Wasser kurz garziehen lassen. Nach Geschmack in Bröseln wenden und in der Pfanne in etwas Fett anbraten.

Gut zu wissen!

Die Burger Brezel ist das kulinarische Wahrzeichen von Burg an der Wupper, heute ein Ortsteil von Solingen. Bei Wanderern ist die zwiebackähnliche, vom Aussterben bedrohte Dauerbackware ein beliebter Proviant. Auf dem Brezelwanderweg rund um Schloss Burg kann man sich auf die Spuren der bergischen Spezialität begeben. Schloss Burg war Stammsitz des bergischen Grafengeschlechts von Berg, das dem Bergischen Land seinen Namen gab, und ist heute die größte wiederhergestellte Burganlage Westdeutschlands. Mehr Infos zur Burger Brezel finden Interessierte unter www.burgerbrezel.de.

TIPP

Mit Schnittlauchrahm und gebratenen Pilzen schmecken sie auch hervorragend als Hauptgericht.

MANGOLDKNÖDEL
MIT WALNUSSBUTTER

für 12–15 Knödel

TIPP

Wer mag, kann auch noch ausgelassenen Speck mit in die Knödelmasse geben.

Zutaten

250 g Weißbrot oder Brötchen vom Vortag
200 ml Milch
Salz, Pfeffer, Muskat
1 Zwiebel
3 EL Öl
300 g Mangold
2 Eier
30 g Walnusskerne
80 g Butter

Zubereitung

Das Brot in kleine Stücke schneiden. Milch erhitzen und über die Brotstücke geben. Mit Salz, Pfeffer und Muskat würzen und eine knappe Stunde ziehen lassen. Zwiebel schälen und fein würfeln. Die Zwiebeln in etwas Öl andünsten. Mangold putzen, waschen, in feine Streifen schneiden und mit andünsten. Zwiebeln und Mangold ausdrücken, in die Knödelmasse geben und mit den Eiern zu einem geschmeidigen Teig verkneten. Knödel ausformen und in kochendes Salzwasser geben. Rund 15 Minuten gar ziehen lassen.
Nüsse hacken und in der Pfanne anrösten. Butter zugeben und leicht bräunen lassen. Die Butter abschäumen und über die fertigen Knödel geben und servieren. Dazu passt ein gemischter Salat oder ein Fleischgericht.

POTTGEBÜDELS

für einen großen Kloß, entspricht 4–6 Portionen

Zutaten

125 g mittelfeine Graupen
125 g Reis
100 g Dörrobst
75 g Rosinen
1 TL Salz
Küchengarn
Leinentuch (ohne Weichspüler gewaschen)

Zubereitung

Graupen, Reis und Dörrobst waschen und nacheinander mit dem Salz in ein feuchtes Leinentuch schichten. Das Leinentuch an den Enden zusammenbinden und dabei nach oben drei Zentimeter Platz lassen, damit sich die Zutaten beim Aufquellen ausdehnen können. Das Pottgebüdels in einen Topf geben, vollständig mit kochendem Wasser bedecken und gut zwei Stunden langsam köcheln lassen. Ein Druck mit dem Löffel auf das Leinentuch verrät, ob Graupen und Reis weich genug sind.

Gut zu wissen!

Den Graupen-Reis-Kloß serviert man mit Vanillesoße, mit brauner Butter und Zucker, mit ausgelassenem Speck, mit kaltem Braten oder Schinken. Auch zu Wildgerichten mit Sauce passt das Eintopfgericht.

TIPP

Man kann den Graupen-Reis-Kloß mit Trockenfrüchten auch im Reisring garen.

PELLKARTOFFELAUFLAUF
MIT RAHMWIRSING

für eine große Form

Zutaten

500 g Pellkartoffeln, gepellt
1 kleiner Wirsing

Für die Rahmsauce
30 g Butter
50 g Speckwürfel
300 ml Milch
200 ml Sahne
3 Lauchzwiebeln
1 Knoblauchzehe
Stärkemehl
Salz, Pfeffer, Muskat
100 g Käse Gouda-Art

TIPP

Aus der Wirsing-Brühe lässt sich eine Suppe oder ein Eintopf bereiten! Mit Kartoffeln, Möhren und Resten vom Wirsingkopf ist im Nu ein „Pitter und Jupp" bereitet. Das Rezept finden Sie im Kapitel „Aus der Region in den Topf – Herzhafte Suppen und Eintöpfe".

Zubereitung

Den Wirsing von Strunk und Rippen befreien, in Stücke schneiden und waschen. In einem Topf mit Salzwasser den Wirsing blanchieren, abgießen und anschließend zerkleinern. Butter in einen Topf geben und zerdrückte Knoblauchzehe, Speckwürfel sowie in Ringe geschnittene Lauchzwiebeln zugeben. Wenn die Lauchzwiebeln glasig sind, Stärke mit Milch und Sahne verrühren und zugeben. Die Masse aufkochen lassen, bis sie bindet und mit den Gewürzen abschmecken. Die Pellkartoffeln in dünne Scheiben schneiden, mit dem Wirsing in eine gefettete Auflaufform einschichten und mit der Rahmsauce übergießen. Den Käse aufstreuen und den Auflauf rund 40 Minuten bei 180°C bei Ober-/Unterhitze überbacken.

Gut zu wissen!

Am schnellsten lassen sich die Kartoffeln mit einem „Zöppken", einem typischen kleinen Küchenmesser aus Solingen, pellen.

POTTHUCKE
(KARTOFFELKUCHEN)

für eine große Kastenform

Zutaten

1200 g halbfest kochende Kartoffeln
4 Eier
200 ml Sahne
Salz, Muskat, Pfeffer
150 g geräucherter Bauchspeck in Scheiben
2–4 Mettwürstchen

Gut zu wissen!

Potthucke ist ein bergischer Kartoffelkuchen. Dieser war ehemals ein Arme-Leute-Gericht. Der Name bedeutet: das, was im Topf hockt. Auch unter dem Begriff „Pfannenwatz“, „Knulls“ oder „Riefpucks“ kennt man die Potthucke. Wer sich am Martinstag keine Gans leisten konnte, bereitete den Kartoffelkuchen – der scherzhaft auch als „Gans des kleinen Mannes“ bezeichnet wird.

Zubereitung

400 g Kartoffeln mit Schale kochen, pellen und durch eine Kartoffelpresse drücken. Den Rest der rohen Kartoffeln grob raspeln. Zusammen mit den Eiern und der Sahne zu einem Teig rühren. Mit den Gewürzen abschmecken.
Eine Kastenform mit dem Bauchspeck auslegen und die Kartoffelmasse zur Hälfte einfüllen. Die Würstchen der Länge nach hintereinander darauflegen und mit dem Rest des Teigs auffüllen.
Den Kartoffelkuchen bei 160°C eine gute Stunde im Ofen backen. In Scheiben schneiden und mit Apfelmus servieren. Am nächsten Tag die restlichen Scheiben in der Pfanne ausbacken.

REIBEKUCHEN

für 15–20 Küchlein

Zutaten

1200 g Kartoffeln
2 Zwiebeln
2 Eier
2–3 EL feine Haferflocken
Salz, Pfeffer
Öl zum Ausbacken

Zubereitung

Die Kartoffeln schälen und auf einer Reibe fein raspeln oder in dünne Scheiben und anschließend in feine Streifen schneiden. Die Kartoffelmasse auspressen oder auf einem Sieb die Flüssigkeit abtropfen lassen. Die Zwiebeln in feine Stücke schneiden. Zusammen mit den Kartoffeln und den restlichen Zutaten zu einem Teig rühren und portionsweise im heißen Fett zu kleinen Kuchen ausbacken. Auf einem Küchenkrepp abtropfen lassen. Sofort servieren oder im Backofen warmstellen.

Gut zu wissen!

Reibekuchen nennt man im Bergischen Land auch „Riefkoken", „Rievkooche(n)" oder „Riefplätzche". Nur wenn die Kartoffelspäne fein gerieben sind, erhält man einen typischen Reibekuchen. Sind die Kartoffeln gröber geraspelt, dann handelt es sich um den bergischen „Pillekoken". „Piller" meint übersetzt so viel wie „feine Streifen". In manchen Gegenden des Bergischen Landes nutzen die Bewohner auch den Begriff „Püffert" für dickere Reibe- oder Kartoffelkuchen. Im Rheinland kennt man den Pillekuchen auch unter dem Namen „Schnibbelkuchen".

TIPP

Die Hälfte der Kartoffelmenge lässt sich auch durch Äpfel ersetzen. Man erhält dann einen bergischen Reibeapfelkuchen. Auch mit Steckrübe schmecken die ausgebackenen Küchlein.

PILLEKUCHEN

für 12 Küchlein

Zutaten

600 g festkochende Kartoffeln
2 Zwiebeln
2 Eier
ein Schuss Milch nach Geschmack
50–100 g Mehl
Salz, Pfeffer
Speckwürfel nach Belieben
Öl zum Ausbacken

TIPP

Zu Reibe- und Pillekuchen reicht man gerne Apfelmus. Im Bergischen gehören auch Schwarzbrot, Kraut und Milchreis dazu.

Zubereitung

Die Kartoffeln schälen und auf einer Reibe grob raspeln. Die Kartoffelspäne auspressen oder auf einem Sieb abtropfen lassen, sodass die Flüssigkeit entweicht.
Die Zwiebeln in feine Stücke schneiden. Zusammen mit den Kartoffeln und den restlichen Zutaten zu einem Teig rühren. Den Teig portionsweise im heißen Fett zu kleinen Kuchen ausbacken. Auf einem Küchenkrepp abtropfen lassen. Sofort servieren oder im Backofen warmstellen.

REIBEWAFFELN (KARTOFFELWAFFELN)

für 6–8 Waffeln

Zutaten

8 mittlere Kartoffeln
5 Eier
150 g Mehl
125 ml saure Sahne
100 g sehr fein gewürfelter Speck oder frische gehackte Kräuter
Salz, Pfeffer, Muskat
Fett zum Ausbacken

Zubereitung

Die Kartoffeln schälen und fein reiben. Kartoffelmasse ausdrücken, sodass sie nicht zu feucht ist.
Aus Eiern, Mehl und saurer Sahne einen Teig rühren, die Kartoffelmasse und den Speck unterheben. Mit Gewürzen abschmecken.
Den Teig portionsweise im gefetteten Waffeleisen ausbacken und die Waffeln heiß servieren.

RÜBSTIEL UNTEREINANDER
(STIELMUS)

für 4 Personen

Zutaten

1 kg Rübstiel
500 g gekochte Salz- oder Pellkartoffeln, gestampft oder in Stücke geschnitten
1 Zwiebel
1 EL Schmalz oder Butter
nach Belieben kleingewürfelter Speck
¼ l Sahne oder Milch
Stärkemehl
Salz, Pfeffer, Muskat

Gut zu wissen!

Was ist Rübstiel?

Als Rübstiel oder Stiel- oder Stängelmus bezeichnet man die jungen Blätter von Speiserüben (Mai-, Herbst- oder Weißen Rüben). Rübstiel ist ein klassisches Frühjahrsgemüse, das im Bergischen Land gerne als Eintopf bereitet wird. Auch zu Fleischgerichten und Kartoffelstampf reicht man es gerne. Die zarten Blätter, die feinsäuerlich, ähnlich wie Sauerampfer schmecken, lassen sich in der Küche genauso wie Spinat und Mangold verarbeiten. Auch im Herbst bekommt man frischen Rübstiel von der Herbstrübe.

Zubereitung

Den Rübstiel waschen und in kleine Stücke schneiden. In einer hohen Pfanne oder einem Topf mit Schmalz, kleingewürfelter Zwiebel und Speck rund zehn Minuten dünsten.
Mit der Sahne oder der Milch ablöschen, nach Geschmack mit etwas Stärke binden und abschmecken. Gekochte Kartoffelstücke untermengen und servieren.

BUTTERKOHL IN SPECKSAHNE

für 4 Personen

Zutaten

1 Kopf Butterkohl
200 ml Sahne
2 TL Stärkemehl
1 EL Butter
100 g Speckwürfel
1 zerdrückte Knoblauchzehe
Salz, Pfeffer, Muskat

Gut zu wissen!

Butterkohl fand man früher in jedem bergischen Hausgarten. Ab Frühsommer bis zum ersten Frost kann man die alte Kohlsorte mit den wirsingähnlichen, aber locker sitzenden Blättern ernten. Genau wie beim Pflücksalat nimmt man die äußeren Blätter nach Bedarf ab. Nur noch wenige Landwirte bauen den zart schmeckenden, in Vergessenheit geratenen Kohl heute an. Da seine Blätter schnell welk werden, eignet er sich nicht gut für Transport und Lagerung.

Zubereitung

Den Kohl halbieren, den Strunk und die harten Blattrippen entfernen.
Den Kohl in feine Streifen schneiden und waschen.
In einer großen Pfanne mit hohem Rand bei geschlossenem Deckel mit der Knoblauchzehe in der Butter dünsten.
Den Speck zugeben, sobald der Kohl etwas weicher ist.
Die Sahne mit dem Stärkemehl verrühren und den Kohl damit abbinden.
Mit Salz, Pfeffer und Muskat abschmecken und als Beilage zu Kartoffel- und Fleischgerichten reichen.

TIPP

Auf diese Art lassen sich auch Spitzkohl, Wirsing oder Weißkohl zubereiten. Vegetarier ersetzen den Speck durch frische Kräuter.

APFELROTKOHL

für 6 Personen

Zutaten

1 Kopf Rotkohl
2 säuerliche Äpfel (z. B. Boskoop)
300 ml trockener Rotwein
2 Zwiebeln
1 Schuss Apfelessig
400 ml Wasser
400 ml Apfelsaft
Aus 3 Lorbeerblättern, 2 Nelken, 6 zerdrückten Wacholderbeeren, 6 zerdrückten Pfefferkörnern und ½ Zimtstange ein Gewürzsäckchen herstellen.
50 g Butter- oder Gänseschmalz
Salz und Pfeffer nach Geschmack
2 EL Johannisbeer- oder Himbeergelee
Stärke zum Binden

Gut zu wissen!

Rotkohl gehört zur Gruppe der Kopfkohlarten, zu denen man auch den Weißkohl, Spitzkohl und Wirsing zählt. Im Spätherbst und Winter hat das Vitamin-C-reiche Gemüse Hauptsaison. Auch roh als Salat schmeckt Rotkohl köstlich und ist ein idealer Begleiter zu Gans oder Wild.

Zubereitung

Den Rotkohl putzen und in feine Streifen schneiden. Äpfel und Zwiebeln schälen und würfeln. In einem großen Topf die Zwiebeln und Äpfel mit dem Fett anschwitzen, mit Wasser und Apfelsaft ablöschen. Rotkohlstreifen und Gewürze zugeben. Das Gemüse garkochen lassen. Mit Johannisbeer- oder Himbeergelee abschmecken. Nach Belieben das Gemüse mit etwas Stärke binden.

Suure Kappes: Wie macht man eigentlich Sauerkraut?

Nicht nur in der Erntesaison, sondern auch den ganzen Winter hindurch, erfreuten früher schmackhafte Suppen und Eintöpfe das Herz der bergischen Bauernfamilien. Vor allem wenn man wegen der Feldarbeit mittags wenig Zeit zum Kochen hatte, waren reichhaltige Suppen ideal zum Vorbereiten und Aufwärmen. Vor allem Eintöpfe mit Kohl, Rüben, Bohnen oder Erbsen, die man selbst im Hausgarten gezogen hat, schätzt die Bergische Küche bis heute. Auch mannigfache Variationen auf Basis von selbst eingelegtem Sauerkraut oder eingemachten Bohnen sind beliebt. Dazu serviert man gepökeltes Schweinefleisch, Mettwürstchen, Blutwurst oder Panhas – die bekannte Grützwurst aus Schlachtresten. Bis heute hat das Sauerkrautstampfen im Bergischen Land Tradition. Es wird mancherorts sogar von Vereinen wie Slow Food oder dem Heimatverein im Bauernhofmuseum Eckenhagen in Gruppen durchgeführt und mit Feierlichkeiten im Dorf begleitet. Wenn man einmal weiß, wie es geht und schmeckt – möchte man nie mehr ohne „selbstgestampften Kappes" in die Winterzeit!

Für einen 5-Liter-Topf milchsauer vergorenen Kohl braucht man ca. 3 Kilogramm Weiß- oder Spitzkohl. Pro Kilogramm Kohl benötigt man 30 Gramm Salz und je nach Vorliebe Gewürze (Lorbeerblätter, Pfeffer, Kümmel oder Wacholderbeeren). Gärtöpfe aus Stein und Krauthobel lassen sich im Land-Fachhandel oder via Internet bestellen.

Eine Schicht geraspelten Kappes in einen Tontopf (Gärtopf) füllen und mit einem Holzstampfer oder mit der eigenen Faust solange bearbeiten, bis der Krautsaft aus den Kappesstreifen austritt. Eine neue Lage Kappes einfüllen und wieder so verfahren. Zwischendurch etwas Salz und Gewürze zugeben.

Wenn der Topf dreiviertel voll ist und sich eine leicht schäumende Saftschicht gebildet hat, deckt man die Oberfläche mit einer Lage ganzer Krautblätter ab. Zu guter Letzt legt man die Beschwerungssteine (Zubehör beim Gärtopf) obenauf. Diese drückt man kräftig runter, damit eine mehrere Zentimeter hohe Wasserschicht aus Kappessaft den Inhalt abdeckt. Es folgt der Deckel.

Die Überlaufrinne des Topfes füllt man mit Wasser, sodass der Behälter luftdicht verschlossen und das Gärgut geschützt ist. Den Topf kann man – um die Milchsäuregärung schneller in Gang zu bringen – bis zu einer Woche im Warmen aufheben. Danach kommt er in den kühlen Keller, wo der Kohl 6–8 Wochen bei völliger Ruhe vor sich hingärt. Der Topf darf in dieser Zeit nicht geöffnet werden!

Neben Sauerkraut ließ man früher auch geschnittene grüne Bohnen in großen Steintöpfen milchsauer vergären.

SAUERKRAUTTOPF
MIT WEISSEN BOHNEN

für 4 Personen

Zutaten

125 g weiße Bohnen (getrocknet oder eingemacht)
250 g durchwachsene Speckwürfel
500 g Sauerkraut
1 Zwiebel
2 Lorbeerblätter
3 Wacholderbeeren
Salz, Pfeffer
1 Stück geräucherte durchwachsene Schweinerippe oder Schweinebauch
1 geriebene Kartoffel
Fett

Zubereitung

Getrocknete weiße Bohnen über Nacht einweichen und in der Einweichbrühe gar kochen.
Die Zwiebel schälen und fein hacken. In etwas Fett mit dem Speckwürfeln anschwitzen und mit etwas Wasser aufgießen. Das Sauerkraut, die Lorbeerblätter, die Wacholderbeeren und die Schweinerippe zugeben und solange garen, bis das Sauerkraut und die Rippe oder der Schweinebauch weich sind. Die Bohnen kurz vor Ende der Garzeit dazugeben und den Eintopf mit Salz und Pfeffer würzen. Die geriebene Kartoffel zum Binden unterziehen. Wenn der Eintopf sämig ist, das Gericht abschmecken und mit etwas Senf und Brot servieren.

SCHLODDERKAPPES

für 6–8 Personen

Zutaten

1 kleiner Weißkohl oder Spitzkohl
800 g Kartoffeln
800 ml Fleischbrühe
2 Zwiebeln
200 g durchwachsene Speckwürfel
Salz, Pfeffer, 2 Lorbeerblätter, etwas Kümmel
Mettwürstchen nach Belieben

Zubereitung

Den Weißkohl putzen, waschen und in feine Streifen schneiden. Die Kartoffeln und die Zwiebeln schälen und würfeln.
Die Speckwürfel in einem Topf auslassen, Kohl, Lorbeerblätter und Kümmel zugeben und mit der Brühe aufgießen. Das Gemüse gar kochen und mit Salz und Pfeffer abschmecken. Nach Belieben mit Mettwürstchen und Stampfkartoffeln servieren.

LINSEN- ODER ERBSENSUPPE
MIT SPECK

für 6 Personen

Zutaten

125 g Linsen („Schmärpulls“)
oder Erbsen („Ääze(n)“),
über Nacht eingeweicht
1 Lauchstange
2 Möhren
1 große Zwiebel
6 mittlere Kartoffeln
½ Sellerieknolle
125 g kleingeschnittener
Bauchspeck
1,5 Liter Wasser oder Brühe
Salz, Pfeffer
3 Brühwürste, klein geschnitten
frische Petersilie, gehackt

Gut zu wissen!

Kein Geringerer als Barockfürst Jan-Wellem (1658–1716) aus Düsseldorf, der als Kurfürst Johann Wilhelm II. von Jülich-Berg, Kurfürst von der Pfalz und Pfalzgraf zu Neuburg regierte, machte „Erbsen mit Speck“ zum bergischen Staatsgericht. Als er bei der Jagd vom Wege abkam, servierte eine Bäuerin ihm das leckere Arme-Leute-Gericht. Er stellte sie kurzum als Köchin bei Hofe ein.

Zubereitung

Suppengemüse und Kartoffeln putzen, schälen und würfeln. Den Bauchspeck mit dem Gemüse anschwitzen. Mit Wasser oder Brühe auffüllen und die Kartoffelstücke und die Linsen zugeben. Die Brühe kochen lassen, bis die Zutaten gar sind. Die Würstchen in der Suppe kurz mitziehen lassen. Die Suppe abschmecken und mit etwas Petersilie bestreut servieren.
Für die Erbsensuppe die Erbsen in einem Topf mit Wasser separat rund 60 Minuten kochen lassen und dann samt Kochwasser der Suppe zugeben. Alles noch etwas köcheln lassen und mit Petersilie garniert servieren.

KARTOFFELSUPPE

für 4 Personen

Zutaten

600–800 g mehlig kochende Kartoffeln
700 ml Gemüse- oder Fleischbrühe
1 Zwiebel, nach Belieben auch etwas Suppengrün
200 g gewürfelter Schinkenspeck
200 ml Sahne
Salz, Pfeffer, Muskat
Fett

Zubereitung

Zwiebel schälen und fein würfeln. Mit dem Schinkenspeck kurz in einem Topf mit etwas Fett glasig dünsten. Die Kartoffeln schälen, in Stücke schneiden und zugeben. Mit der Brühe begießen und alles weich kochen lassen. Die Masse stampfen oder sämig pürieren. Sahne zugeben und mit den Gewürzen abschmecken. Die Suppe mit etwas Muskatnuss oder frischen Kräutern bestreuen.

Gut zu wissen!

Bei Kartoffeln unterscheidet man nicht nur zwischen frühen und späten Sorten, sondern auch zwischen mehlig-, vorwiegend fest- und festkochenden Sorten. Für Suppen und Eintöpfe eignen sich die mehligkochenden Kartoffeln wunderbar, denn sie kochen sämig und man benötigt weniger Fett, um die Suppe cremig zu bekommen.

TIPP

In der Spargelzeit kann man die „Äpelszupp“ auch zur Hälfte mit Kartoffeln und Spargel kochen. Einige Spargelspitzen dünstet man zusätzlich separat und gibt sie zum Schluss in die Suppe.

RINDFLEISCHSUPPE
MIT MARKKLÖSSCHEN

für 10 Personen

Zutaten

500 g Suppenfleisch
500 g Suppenknochen
2 l Wasser
½ Sellerieknolle
2 Möhren
1 Lauchstange
Salz, Pfeffer

Für die Markklößchen
1 Markknochen (alternativ ein guter Stich Butter)
1 eingeweichtes Brötchen
1 Ei
Salz, Pfeffer, Muskat
frische Petersilie, gehackt

Gut zu wissen!

Den Suppenklassiker kennt man auch unter dem Namen „Altbergische Fleischsuppe“ oder „Fleeschzupp“. Früher hat man in einem Rest Rindfleischsuppe Reis gegart und erhielt so ein „Riesgemös“ (Reisgemüse). Auch mit Graupen, die man auf dem Land auch „Kälwertäng“ (Kälberzähne) nennt, streckt man gerne die Rindfleischsuppe.

TIPP

Alternativ zu Markklößchen kann man auch Fadennudeln, Reis oder Eierstich in die Suppe geben.

Zubereitung

Das Fleisch und die Knochen in kaltem Salzwasser aufsetzen. Die geputzten und klein geschnittenen Suppengemüse zugeben. Die Suppe etwa anderthalb Stunden auf mittlerer Flamme kochen lassen und absieben, nach Bedarf Fett abschöpfen.
Das Suppenfleisch klein schneiden und in die abgesiebte Brühe geben.
Das Mark aus dem Knochen drücken und auf kleiner Flamme erhitzen, sodass es flüssig wird. Das Mark durchsieben und etwas abkühlen lassen. Mit dem ausgedrückten Brötchen und den Gewürzen vermengen. Aus der Masse kleine Klößchen formen und diese in der Suppe garen lassen.

HÜHNERSUPPE

für 4 Personen

Zutaten

1 Suppenhuhn
2,5 l Wasser
oder
2 Hähnchenbrustfilets oder -keulen
1,5 l Wasser
1 Porreestange, etwas Sellerieknolle
2 Zwiebeln, 2 Möhren
im Sommer auch 2–3 Tomaten
½ Bund Thymian
½ Bund Salbei
3 Lorbeerblätter, 3 Nelken,
3 Pimentkörner in ein Gewürzsäckchen geben

Für die Suppeneinlage (nach Belieben)

250 g Bauernnudeln oder
125 g Reis für 2,5 l Brühe
2 Möhren
1 Lauchstange

Zubereitung

Das Suppenhuhn mit dem Wasser, den klein geschnittenen Gemüsen und den Gewürzen aufsetzen. Den Ansatz 2–3 Stunden kochen lassen und am nächsten Tag abseihen.
Das Huhn tranchieren, enthäuten und das weiße Fleisch in kleine Stücke schneiden. Die kalte Brühe entfetten und mit klein geschnittenen Möhren- und Porreestangen-Stücken erneut köcheln lassen. Die Nudeln oder den Reis zugeben und bissfest garen. Das Fleisch von der Karkasse lösen und kurz vor Ende der Garzeit in Stücke geschnitten zugeben.

SCHARFE ROTE-BETE-SUPPE
MIT MARKKLÖSSCHEN

für 4 Personen

Zutaten

4 mittlere Rote-Bete-Knollen, geschält und vorgekocht
2 Knoblauchzehen
1 EL Öl
½ Liter Gemüsebrühe
3–4 EL süße Sahne
1 TL Salz
1 TL Pfeffer

Zubereitung

Knoblauchzehen häuten und in Scheiben schneiden. Öl in einen Topf geben und die Knoblauchzehen darin andünsten. Rote Beten in Stücke schneiden und mit der Brühe zugeben. Kurz aufkochen lassen und die Masse fein pürieren. Nach Bedarf noch etwas Wasser zugeben. Mit Salz, Pfeffer und süßer Sahne abschmecken.

Gut zu wissen!

Beim Schälen von Roter Bete empfiehlt es sich, Handschuhe zu tragen, denn die rot-violetten Knollen färben die Haut nachhaltig. Der Farbstoff, das Betanin, wird gerne als Naturfarbstoff für Lebensmittel eingesetzt. Rote Bete enthält viel Vitamin-B, Kalium, Eisen und vor allem Folsäure. Gegart als Beilage oder roh in Salaten schmeckt die Rote Bete wegen ihres süßlich-erdingen Aromas sehr apart. Auch die Blätter der Knolle können gekocht gegessen werden.

TIPP

Die Hälfte der Rote Bete-Knollen können Sie auch durch fruchtig-würzige Apfelsorten wie Rubinette oder Cox Orange ersetzen.

APFELSUPPE

für 4 Personen

Zutaten

2 Äpfel
2 Zwiebeln
750 ml Brühe zum Aufgießen
100 ml Sahne
1 TL Honig
Salz, Pfeffer
1 TL Currypulver

Zubereitung

Äpfel und Zwiebeln schälen und in kleine Stücke schneiden. Mit der Brühe weich kochen und pürieren. Mit Sahne und Honig abrunden und mit Salz, weißem Pfeffer und etwas Currypulver abschmecken.

TIPP

Mit dünnen Apfelscheiben, Schnittlauchblüten oder Möhren-Zesten dekorieren! Wer es nicht so fruchtig mag, kann auch einen Apfel durch zwei Kartoffeln ersetzen!

ROSENKOHLSUPPE

für 4 Personen

Zutaten

500 g Rosenkohl
2 Zwiebeln
1 Knoblauchzehe
750 ml Gemüsebrühe oder Wasser
2 Kartoffeln
100 ml geschlagene Sahne
Salz, Pfeffer, Muskat
1 Zweig frischer Rosmarin

Zubereitung

Den Rosenkohl putzen, waschen und halbieren. Einige Rosenkohlblätter für die Dekoration zurückbehalten. Die Kartoffeln, Zwiebeln und die Knoblauchzehe schälen und würfeln. Das Gemüse mit der Brühe und dem Rosmarin aufsetzen und weich kochen lassen. Die Masse pürieren und abschmecken. Sahne unterheben oder als Haube obenauf setzen und mit Rosenkohlblättern und etwas Rosmarin dekorieren.

KÜRBISSUPPE

für 4 Personen

TIPP

In ähnlicher Weise lässt sich auch eine Steckrübensuppe bereiten. Nehmen Sie statt 500 g Kürbis- einfach die gleiche Menge Steckrübenfleisch. Die Steckrübe ist eine Kreuzung aus Rübsen und Gemüsekohl. Das leicht bittere, nussig schmeckende Wurzelgemüse zählt in der Küche heute zu den wiederentdeckten alten Sorten.

Zutaten

500 g Kürbisfleisch (Hokkaido oder Butternuss)
2 Äpfel oder 2 Kartoffeln
2 Zwiebeln
750 ml Brühe
100 ml Sahne
2 EL Öl
bei sehr säuerlichen Äpfeln Zucker oder Honig nach Geschmack
Salz, Pfeffer, Muskat, Zimt
nach Belieben etwas Apfelsaft oder Apfelsecco zum Verfeinern

Zubereitung

Die Zwiebeln würfeln, in Öl andünsten und mit der Brühe ablöschen. Kürbis und geschälte Äpfel gewürfelt hinzufügen, im geschlossenen Topf weich kochen und pürieren. Die Suppe mit Apfelsaft oder Secco verfeinern und noch einmal kurz aufkochen lassen. Die Sahne hinzugeben, mit den Gewürzen abschmecken und geröstete Burger Brezel-Stücke oder „Schwatbruat" (Schwarzbrot)-Krümel aufstreuen.

BUTTERMILCHBOHNENSUPPE

für 8 Personen

Zutaten

1000 g halbfest bis mehlig kochende Kartoffeln
1 l Buttermilch
250 ml warme Milch
250 ml Sahne oder Sauerrahm
30 g Butter
600 g grüne gedünstete Brechbohnen, frisch oder aus dem Vorrat
Salz, weißer Pfeffer
1 Zweig frisches Bohnenkraut

Zubereitung

Kartoffeln schälen, abbrausen und in grobe Stücke schneiden.
Mit Salzwasser aufsetzen und garen, bis sie zerfallen.
Kartoffeln abgießen und mit dem Stampfer ein Stück Butter und warme Milch unterarbeiten, bis ein Kartoffelbrei entsteht. Dann Buttermilch und Sahne nachgießen und mit Salz, Pfeffer und etwas Bohnenkraut (Zweig kurz mitziehen lassen) abschmecken.
Wer's sämig mag, kann mit dem Pürierstab die Suppe noch verfeinern.
Zum Schluss die gedünsteten Bohnen in die Suppe geben.

DICKE-BOHNEN-EINTOPF
MIT SPECK

für 4 Personen

Zutaten

250 g durchwachsener Speck
1 kg dicke Bohnen (frisch oder eingeweckt)
600 g Kartoffeln
1 EL Mehl
2 EL Butter
Salz, Bohnenkraut
frische Petersilie, gehackt
1 l Wasser
etwas Sahne nach Belieben

Zubereitung

Den Speck in einem Topf auslassen und mit Wasser angießen. Kartoffeln und Zwiebeln schälen und würfeln. Fein geschnittene Kartoffel- und Zwiebelwürfel sowie frische Bohnen zugeben. Den Eintopf garen lassen. Aus Butter, Mehl und einem Teil des Kochwassers eine Mehlschwitze bereiten. Den Eintopf damit andicken. Das Gericht mit Salz, gehackter Petersilie und Bohnenkraut abschmecken. Nach Belieben auch etwas Sahne zugeben. Wer eingeweckte statt frischer Bohnen nimmt, gibt diese erst mit der Mehlschwitze dazu.

TIPP

Die „decke Bunne" isst man auch gerne als Gemüsebeilage zu Stampfkartoffeln und Bratwurst oder Kasselerrippe.

PITTER UND JUPP
(WIRSING-MÖHREN-EINTOPF)

für 4 Personen

Zutaten

1 kleiner Wirsing
500 g Möhren
500 g Kartoffeln
2 Zwiebeln
je 1 Bund Suppengrün und Petersilie
0,5 l Gemüse- oder Fleischbrühe
Salz, Pfeffer, Muskat
Frische Petersilie, klein gehackt
4 Mettwürstchen nach Geschmack

Gut zu wissen!

Warum der Eintopf „Pitter und Jupp" – also „Peter und Josef" heißt – ist nicht bekannt. Möglicherweise geht der Name dieses einfachen Eintopfs auf die beiden Heiligen Petrus und Josef zurück, die als Schutzheilige der Arbeiter verehrt werden. Die Arbeiter in den bergischen Steinbrüchen und Bergwerken nahmen sich gerne eine solche Mahlzeit zum Aufwärmen im „Döppen" (Henkelmann) mit zur Schicht.

Zubereitung

Den Wirsing und das Suppengrün putzen, waschen und in feine Streifen schneiden. Möhren, Zwiebeln und Kartoffeln schälen und in kleine Würfel schneiden. Das Gemüse mit der Brühe in einen Topf geben und gar kochen lassen. Nach Bedarf noch etwas Wasser zugeben. Kurz vor Ende der Garzeit den Eintopf grob stampfen, die Mettwürstchen in Scheiben schneiden und in der Brühe ziehen lassen. Mit den Gewürzen abschmecken und mit klein gehackter Petersilie überstreuen. Dazu passt eine deftige Brotzeit mit geräuchertem Schinken und Ziegenkäse.

MÖHRENSUPPE

für 4 Personen

Zutaten

500 g Möhren
2 Kartoffeln
1 Zwiebel
1 Knoblauchzehe
1,2 l Gemüsebrühe oder Wasser
100 ml Milch
100 ml Sahne
Salz, Pfeffer, Honig
Fett
Sahne, geschlagen
Gartenkräuter für die Dekoration

Zubereitung

Die Möhren, Kartoffeln und die Zwiebel schälen und würfeln. Die Knoblauchzehe häuten und zerdrücken. Die Zwiebelstücke und die Knoblauchzehe in etwas Fett glasig dünsten. Mit der Gemüsebrühe auffüllen und die Möhren- und Kartoffelstücke zugeben. Die Zutaten weich kochen lassen und zerstampfen oder pürieren. Mit Milch und Sahne auffüllen und mit Salz, Pfeffer und Honig abschmecken. Mit etwas geschlagener Sahne und frischgehackten Kräutern dekorieren.

Gut zu wissen!

Besonders im Frühsommer, wenn im Garten die Gemüsereihen ausgedünnt wurden, gab es eine bunte „Quer durch den Garten"-Suppe, die auch unter dem Namen „Allerhand"-Suppe bekannt ist, oder eine „Morre-zupp". Eine andere, beliebte Frühlingssuppe ist bis heute eine Wildkräuter-Suppe mit jungen Blättern von Löwenzahn, Giersch oder Sauerampfer.

NEUN-KRÄUTER-SUPPE

für 4 Personen

Zutaten

1 Bund frische Frühlingskräuter (z. B. Löwenzahn, Giersch, Sauerampfer, [Spitz-]Wegerich, Brenn- oder Taubnessel, Vogelmiere, Bärlauch oder Knoblauchsrauke, Gundermann, Schafgarbe, Klettenlabkraut)
1 l Wasser
2 Kartoffeln (oder 2 EL feine Haferflocken zum Binden)
2 Zwiebeln
200 ml Sahne
Salz, Pfeffer
hartgekochte Eier, Wildkräuter, Löwenzahn- oder Gänseblümchen-Blüten für die Dekoration

Gut zu wissen!

Die Wildkräutersuppe wird in bergischen Familien gerne zu Gründonnerstag oder am Karfreitag gereicht. Die grüne Suppe lässt sich auch nur mit Kerbel („Kervelzupp") oder jungem Spinat zubereiten. Ursprünglich war es – nicht nur im Bergischen Land – Brauch zum Frühlingsanfang neun Heilkräuter zu sammeln, die als Suppe bereitet die Frühjahrsmüdigkeit vertreiben sollten.

Zubereitung

Die Zwiebeln und Kartoffeln schälen und würfeln. Die Zwiebelwürfel in etwas Fett glasig dünsten. Mit dem Wasser auffüllen, die Kartoffeln und die fein geschnittenen Wildkräuter zugeben. Sobald die Kartoffeln gar sind, die Suppe pürieren und die Sahne unterrühren.
Mit hartgekochten Eierhälften und Wildkräutern dekorieren.

VON DER STREUOBSTWIESE
SÜSSES UND EINGEMACHTES

Warum der Apfel ins Bergische Land gehört

Im Bergischen Land spielen Streuobstwiesen seit dem 18. Jahrhundert eine bedeutende Rolle. Besonders wenn die Böden für den Getreideanbau ungeeignet waren, pflanzten viele Selbstversorger Obstbäume. Zu den bekannten Sorten, die sich im Anbau bewährt haben und das Bild eines jeden Dorfes prägten, gehörten unter anderem die Zuccalmaglios Renette, der Jakob Lebel- und der Kaiser Wilhelm-Apfel. Neben dem bekannten Ontario- und dem Bohnapfel zählte auch der Jakob Lebel zu den Reichsobstsorten. Das Gebiet von der Wupper im Norden bis zur Dhünn im Süden war schon früh als Bergische Obstkammer bekannt. Mönche begründeten einst den Obstanbau rund um Leichlingen, der bis ins Jahr 1192 nach Christus zurückreicht. Aber auch im Oberbergischen, das man wegen seiner kargen, hügeligen Böden gerne als „Haferspanien" bezeichnete, gab es schon früh zahlreiche Streuobstwiesen und Obst-Produzenten.

Typische Erzeugnisse der Region

Apfelsaft, -gelee und Apfelkraut („Krückchen" oder „Kruut") sind bis heute typische Erzeugnisse der Region, die man einst sogar bis nach Russland und Amerika exportierte. Für die Herstellung von Apfel- und Birnenkraut kochte man den Obstsaft stundenlang unter ständigem Rühren in großen Kupferkesseln über dem Feuer, bis er eindickte. In hölzernen Fässern oder Steintöpfen wurde das Obstkraut anschließend eingelagert. Unter Zugabe von Zucker oder Honig, die nur selten zur Verfügung standen, konnte das Obst ebenso konserviert werden. Neben dem Einkochen war das Dörren von Früchten daher sehr beliebt.

Streuobstwiesen – artenreiche Lebensräume

Nach dem Zweiten Weltkrieg veränderte sich der Erwerbsobstbau nicht nur im Bergischen Land. Die Erzeuger begannen die Streuobstwiesen zugunsten rationellerer, niederstämmiger Obstplantagen zu roden. Handel und Verbraucher wünschten sich zunehmend genormtes und makelloses Obst.

Mit Abnahme der Streuobstwiesen, die zu den artenreichsten Lebensräumen Mitteleuropas gehören und auf der Roten Liste der gefährdeten Arten stehen, wurde auch die darin heimische Tier- und Pflanzenwelt immer seltener. Gleichzeitig gestaltete sich das Obstsortiment im Handel kleiner und globaler.

Alte und lokale Sorten mit zuweilen amüsant klingenden Namen wie „Schafsnase", „Schlotterapfel", oder „Rheinischer Krummstiel" gibt es nur noch vereinzelt beim Direktvermarkter oder auf Obst- und Herbstmärkten in der Region zu kaufen.

RHABARBERKOMPOTT

für 4 Personen

Zutaten

1 Tasse trockener Weißwein
4 EL Zucker
4 Rhabarberstangen, abgezogen und in 1 cm breite Stücke geschnitten
nach Geschmack etwas Zwiebackbrösel zum Andicken
Abrieb einer Bio-Zitrone
½ Zimtstange

Gut zu wissen!

Schon Henriette Davidis (1801 bis 1876), die als bekannteste Kochbuchautorin Deutschlands gilt und auch im Bergischen Land als Hauswirtschaftslehrerin wirkte, empfahl in ihrem „Praktisches Kochbuch. Zuverlässige und selbstgeprüfte Recepte der gewöhnlichen und feineren Küche“ (1845) Fruchtkompotte mit etwas geriebenem Zwieback zu binden. Zwieback hatte man früher als Brotersatz immer im Hause. Man nutzte ihn nicht nur zum Andicken von Speisen, sondern auch als Einlage für Milchsuppen. Eine Zwiebackstippsuppe („Zoppe“) servierte man gerne Kindern und älteren Menschen zum Abendbrot.

Zubereitung

Weißwein mit Zucker kurz aufkochen lassen. Rhabarber, Zitronenschale und Zimt zugeben. Solange einkochen lassen, bis ein stückig-sämiges Kompott entstanden ist. Nach Belieben mit Zwiebackbröseln andicken.

APFELPUDDING

für 4 Personen

Zutaten

1 feinsäuerlicher Apfel (vorzugsweise Boskoop, Cox oder Renette)
1/4 Liter bergischer Apfelsecco oder Apfelsaft
2–3 EL Zucker (je nach Süße der Äpfel)
Abrieb von einer Bio-Zitrone
2–3 EL Stärkemehl
etwas Wasser
200 ml süße Sahne als Haube für obenauf
1 TL Zucker
1 Päckchen Vanillezucker
1 weiterer Apfel für die Dekoration

Zubereitung

Einen Apfel schälen und in Mini-Würfelchen schneiden. Alle Zutaten (außer dem aufgelösten Stärkemehl) in einem Topf zum Kochen bringen. Dann das in wenig kaltem Wasser aufgelöste Stärkemehl zugeben und unter ständigem Rühren die Masse im Topf andicken lassen. Etwas abkühlen lassen und noch warm in Gläser füllen. Dann im Kühlschrank etwa für eine Stunde erkalten lassen. Sahne mit Zucker und Vanillezucker verrühren und halbsteif aufschlagen.
Zweiten Apfel im Ganzen verwenden, waschen, entkernen und in dünne Ringe schneiden. Apfelmasse im Glas mit Sahne und Apfelringen dekorieren.
Alternativ zur Sahnehaube schmecken auch Joghurt, Quark oder Vanillepudding.

Gut zu wissen!

Für den Apfelpudding eignen sich besonders süß-säuerliche Apfelsorten wie Renetten. Auch der Boskoop zählt zu den Renetten. Sein ursprünglicher Name war „Renette von Montfort“. Man kennt ihn aber auch unter der Bezeichnung „Schöner aus Boskoop“. Er wurde als Zufallssämling im niederländischen Boskoop entdeckt und ist seit 1863 eine beliebte Winterapfelsorte.

APFELBETTELMANN

für eine Auflaufform oder 6–8 Kokotten

Zutaten

400 g altbackenes Brot, z. B. Butterplatz oder Korinthenstuten
500 g Äpfel
75 g Zucker oder etwas Honig
50 g Rosinen oder Korinthen
etwas Zimt- und Nelkengewürz
1 Päckchen Vanillezucker
1 guter Schuss Rum
Butter zum Ausfetten der Form
150 ml Milch

Zubereitung

Brot in kleine Würfel schneiden oder reiben und mit Zucker oder Honig, Milch und Gewürzen vermengen. Äpfel schälen, entkernen und vierteln. Die Äpfel mit den Rosinen oder Korinthen in wenig Wasser mit dem Vanillezucker und dem Rum gar dünsten. Die Hälfte der Brotmasse in eine gebutterte Auflaufform oder in Kokotten geben. Die Apfelmasse darauf geben und mit der zweiten Hälfte der Brotmasse abschließen. Den Auflauf rund 40 Minuten bei 160°C Umluft im Ofen backen und mit Vanillepudding oder Sahne servieren.

Gut zu wissen!

Brot war in früheren Zeiten sehr kostbar, sodass jeder Haushalt viele Rezepte zum Verwerten der Reste kannte. Alle zwei bis vier Wochen backte die Dorfgemeinschaft frisches Brot im Dorfbackes. War die Brotration schon vorher aufgebraucht, so aß man Kartoffeln oder bereitete Milch- und Getreidesuppen.

TIPP

Probieren Sie den süßen Brotauflauf auch mit anderen Früchten wie Birnen oder Quitten. Besonders lecker schmeckt der Bettelmann mit leicht nussigem Dinkelbrot. Wer kein altbackenes Brot übrig hat, kann auch mit Streuseln aus 125 g flüssiger Butter, 125 g Zucker und 250 g Mehl einen Obst-Crumble bereiten.

BRATÄPFEL

für 4 Bratäpfel

Zutaten

4 säuerliche Äpfel (z. B. Boskoop, Elstar oder Rubinette)
4 EL Haferflocken
eine Handvoll gehackte Walnüsse
2 TL Honig
2 EL Butter
2 Messerspitzen Zimt

Gut zu wissen!

Folgende lokalen und regionalen Apfelsorten haben sich für den Anbau im Bergischen besonders bewährt: Ontario, Winterrambur, Rheinischer Krummstiel, Rheinischer Bohnapfel, Jakob Lebel, Kaiser Wilhelm, Schöner aus Boskoop, Rote Sternrenette, Gelber Edelapfel, Klarapfel, Bohnapfel, Roter Eiserapfel, Rheinische Schafsnase, Zuccalmaglios-Renette, Bäumchensapfel, Tulpenapfel, Rotes Seidenhemdchen.

Zubereitung

Äpfel waschen, Deckel abschneiden und mit einem Apfelausstecher das Kerngehäuse herausnehmen. Haferflocken, Honig, flüssige Butter mit Zimt und gehackten Walnüssen mischen. Die Äpfel in eine Auflaufform oder Kokotten setzen und mit der Masse füllen. Die Deckel wieder aufsetzen und die Äpfel bei 180°C 30–40 Minuten leicht mürbe backen lassen. Wenn die Schale der Äpfel runzelig wird, sind sie gar. Zu Bergischer Biersuppe oder mit Vanillesauce oder -eis servieren.

BERGISCHE BIERSUPPE

für 4 Personen

Zutaten

500 ml Vollmilch
3 EL Zucker
1 Vanillezucker
1 Prise Salz
1 Zimtstange
1 Päckchen Vanillepuddingpulver
1 Eigelb
1 Eiweiß, steif geschlagen
125 ml Milch zum Anrühren des Puddingpulvers
500 ml helles Bier

Zubereitung

Den halben Liter Milch mit Zucker, Vanillezucker, Salz und der Zimtstange ankochen. Puddingpulver mit Eigelb und der übrigen Milch verrühren, zugeben und Suppe ziehen lassen. Bier unter Rühren langsam zugießen und die Suppe noch einmal aufkochen. Eischnee unterheben oder als Flöckchen auf die Suppe setzen und mit geschlossenem Deckel in der Nachwärme fertig garen.
Dazu passen Brotpudding, Fruchtkompott oder Bratäpfel.

Gut zu wissen!

Für die Biersuppe eignen sich besonders süffige Biersorten, die kleine Hausbrauereien in der Region unter der Bezeichnung „Landbier" anbieten.

WEINSUPPE (WIENSUPP)

für 4 Personen

Zutaten

½ l Weiß- oder Apfelwein
½ l Wasser
etwas abgeriebene Zitronenschale und Zimt
Zucker nach Geschmack
1 Prise Salz
2 TL Speisestärke

Zubereitung

Wein, Wasser, Zitronenschale, Zimt und Salz aufkochen lassen. Herdplatte ausschalten. Speisestärke mit etwas Wasser anrühren und in die Masse einrühren. In der Nachwärme die Suppe andicken lassen. Nach Belieben kann die Suppe auch mit einem Eigelb legiert und – wie die Biersuppe – mit Eischneeflöckchen serviert werden.

GEWÜRZBIRNEN IM GLAS

für 4 Gläser à 400 ml

Zutaten

1 Liter Wasser
300 g Zucker
100 ml Weißwein trocken
1 Zitrone, in Scheiben geschnitten
6 zerstoßene Pimentkörner
½ TL Zimt, 3 EL weißer Essig
2 Päckchen Vanillezucker oder aufgeschlitzte Vanillestangen
7–8 feste, noch nicht zu reife Streuobst-Birnen
sterile Schraubgläser

Gut zu wissen!

Gellerts Butterbirne, die Gräfin von Paris und die Köstliche aus Charneux zählen zu den alten schmackhaften Birnensorten, die gut im Bergischen Land gedeihen. Während Gellerts Butterbirne vor allem eine vortreffliche Tafelbirne ist, eignen sich die Gräfin von Paris und die Köstliche aus Charneux auch zum Einmachen.

Zubereitung

Aus dem Wasser und dem Zucker einen Sirup kochen. Weißwein, Zitronenscheiben und Gewürze zugeben und ziehen lassen.
Die Birnen schälen, entkernen und in Viertel schneiden. Die Birnenviertel mit den Zitronenscheiben in die Gläser einschichten, bis kurz unter den Rand mit dem Gewürzsud auffüllen und die Gläser fest verschließen.
Die Gläser mit den Früchten in einem großen Topf einkochen lassen. Dafür ein feuchtes dünnes Baumwollhandtuch in den Topf legen. Die Gläser darauf platzieren, sodass sie nicht wackeln oder anstoßen. Den Topf mit Wasser auffüllen. Die Gläser sollten etwas mehr als die Hälfte mit dem Wasser bedeckt sein. Deckel auflegen und zum Kochen bringen, dann etwas herunterschalten und rund 40 Minuten einkochen lassen. Das Wasser sollte die gesamte Einkochzeit rund 100°C haben.
Die Gläser bis zum Verzehr kühl und dunkel lagern.

MOCCACREME

für 4 Personen

Zutaten

500 ml Vollmilch
20 g Espressopulver in etwas heißem Wasser aufgelöst oder 100 ml sehr starker Kaffee
2–3 EL Zucker
1 Vanilleschote (Mark)
2 EL Stärkemehl
1 Päckchen Gelatinepulver
250 ml süße, steif geschlagene Sahne

Für die Dekoration
Kakaopulver
Schoko-Moccabohnen

TIPP

Ein klassisches Flammeri erhält man, wenn man statt der Gelatine und der Sahne ein Eigelb in die noch warme Creme einrührt und frischen Eischnee unterhebt. Man füllt die Masse dann in eine Form und stürzt sie nach dem Erkalten. Dazu passt eine Schokoladen- oder Vanille-Sauce.

Gut zu wissen!

Der Bergische zapfte seinen Bohnenkaffee früher aus der Dröppelmina, einer Kranen-Kaffeekanne aus Zinn, die einem Samovar ähnlich ist. In traditionsverbundenen Häusern kommt die bauchige Kanne mit den drei Beinen noch heute auf den Kaffeetisch.

Zubereitung

Milch mit der aufgeschlitzten Vanilleschote, dem Zucker und dem Mark aufkochen. Den kalten Kaffee mit dem Stärkemehl verrühren und zugeben. Die Masse unter Rühren kurz aufkochen und andicken lassen. Von der Feuerstelle nehmen und erkalten lassen. Die Gelatine nach Herstellerangabe auflösen und unter die Masse rühren. Sobald die Masse anzieht, die Hälfte der geschlagenen Sahne unterheben. Mit der restlichen Sahne und den Moccabohnen dekorieren.

AUSGEBACKENE HOLUNDERBLÜTEN
(HOLLERKÜCHLEIN)

für 20 Dolden

Zutaten

1 Eigelb
1 steif geschlagenes Eiweiß
4 EL Mehl
1 Schnapsglas Mineralwasser
Öl für die Pfanne

Gut zu wissen!

Schwarzer oder Echter Holunder gehörte früher in jeden Bauerngarten. Als Augenweide, Gaumenschmaus und Heilmittel ist er bekannt. Der Volksmund bezeichnet den Hollerstrauch nicht umsonst als „Apotheke des kleinen Mannes". Die schwarzblauen Beeren, aber auch andere Pflanzenteile des Holunders sind in der Heilkunde hoch geschätzt. So enthalten Holunderblüten – genau wie Schmerztabletten – Salicylsäure. Sie wirkt schweißtreibend, entzündungshemmend und fiebersenkend.

Neben Holunderblüten-Tee ist auch Holunderblütensirup wohltuend bei Erkältungen. Hollerrinde, von jungen Zweigen geerntet, und auch Blätter sind beliebt als Badezusatz und Tee bei Rheuma und Gicht.

Zubereitung

Eigelb und Mehl unter die geschlagene Eiweißmasse heben. Mit Mineralwasser geschmeidig rühren.
Fett circa 2–3 cm hoch in eine hohe Pfanne geben, erhitzen bis es kleine Blasen wirft (Kochlöffel-Test machen). Die Dolden in den Teig tunken, etwas abtropfen lassen und in das heiße Fett geben. Von beiden Seiten goldbraun backen lassen. Auf einem Küchenkrepp abtropfen lassen und mit Puderzucker bestäubt servieren. Dazu passen Erdbeeren und Vanilleeis.

BROTPUDDING
MIT JOHANNISBEERKOMPOTT

für eine Puddingform

Zutaten

450 g altbackenes Weißbrot oder Brötchen
200–300 ml lauwarme Milch
2 EL Zucker
1 Päckchen Vanillezucker
3 EL Rum
1 Prise Salz
Abrieb von 1 Bio-Zitrone
4 Eier
3 EL Korinthen
Fett und Weißbrotbrösel für die Puddingform

Für das Johannisbeerkompott
200 g rote Johannisbeeren
200 g Gelierzucker Typ 2:1
2–3 Schnapsgläser Gin nach Belieben
1 Bio-Zitrone

Zubereitung

Weißbrot in lauwarmer Milch durchziehen lassen. Zucker, Vanillezucker, Rum, Salz und Zitronenabrieb zugeben und durchkneten. Die Eier (davon zwei steife Eiweiß) und die Korinthen unter die Masse ziehen. Eine Puddingform einfetten und mit Weißbrotbröseln auskleiden. Masse einfüllen und die Form verschließen. Im Wasserbad eine Stunde garen lassen.
Währenddessen die gewaschenen und entstielten Johannisbeeren mit dem Gelierzucker in einem Topf ankochen lassen. Die Johannisbeeren mit einem Stampfer leicht zerdrücken. Saft und Abrieb von einer Bio-Zitrone zugeben, Masse sprudelnd kochen lassen, bis sie leicht geliert. Mit Gin abschmecken.

BUTTERMILCHKALTSCHALE
MIT DÖRROBST

für 4 Personen

Zutaten

500 ml Buttermilch
1 Päckchen Puddingpulver Sahne- oder Vanillegeschmack
3 EL Zucker
200 ml Milch
Dörrobst (Pflaumen, Aprikosen, Apfelringe) oder frische Früchte

Zubereitung

Die Buttermilch in einem Topf erhitzen. Das Puddingpulver in einer kleinen Schüssel mit der Milch und dem Zucker verrühren. In die Buttermilch rühren und diese andicken lassen. Nicht stark kochen! Die Buttermilchsuppe vom Herd nehmen und abkühlen lassen. Mit dem Obst garnieren.

Gut zu wissen!

In ländlichen Regionen wie dem Bergischen Land hat man früher Apfelschnitze und Pflaumen auf großen Gittern über Stunden in der Nachwärme des Backes (Ofens) trocknen lassen. Neben getrockneten Kräutern und Tee bewahrte man die Trockenfrüchte geschützt und luftig in Leinensäcken oder in einer Holzkiste auf dem Dachboden auf, damit sie nicht schimmeln. Gerne peppte man mit dem Trockenvorrat im Winter die Speisen auf.

TIPP

Im Sommer schmeckt die säuerliche Kaltschale auch als erfrischende Hauptspeise. Es empfiehlt sich, dann einfach die doppelte Menge zu kochen. Auch eingemachtes Obst passt zur Kaltschale.

WALDBEERSUPPE

für 2 Personen

Zutaten

500 g Waldbeeren oder Kulturheidelbeeren
2–3 EL Zucker
100 ml Wasser, Fruchtsaft oder Wein
1–2 geriebene Zwiebäcke
Zitronensaft, Zimt und Vanille nach Geschmack
zerbröselte Gusszwiebäcke für die Dekoration

Gut zu wissen!

Früher hat man die Suppe auch mit Schwarzbrot gebunden und mit Eischnee-Flöckchen serviert. Für die „Schneeklößchen" nimmt man das Eiweiß von 1–2 Eiern. Dieses wird mit 1–2 EL Zucker und 1 Prise Salz steif geschlagen. Mit einem Teelöffel sticht man die Klößchen ab, die auf die heiße Suppe gesetzt werden. Im geschlossenen Kochtopf lässt man die Klößchen etwa 5–10 Minuten in der Nachwärme garen.

Blaubeeren im Bergischen Land

Waldbeeren bezeichnet man auch als Blaubeeren oder Heidelbeeren. Früher gab es nur wilde Sorten, die man am Waldrand sammelte. Im Bergischen Land gibt es heute rund um Leichlingen und Burscheid auch Kulturheidelbeer-Anbau.

TIPP

Probieren Sie auch das Rezept für Großmutters „Wolbern-zoppe" mit Holunderbeeren oder Kirschen. Hat man zu wenige Wildfrüchte gefunden, kann man auch Apfelstückchen oder andere Beerenfrüchte mit in die Suppe geben.

Zubereitung

Die Waldbeeren verlesen, vorsichtig waschen und in einen Topf geben. Mit Wasser, Zucker und den geriebenen Zwiebäcken aufkochen lassen und abschmecken. Wenn die Früchte weich sind, die Suppe abkühlen lassen und mit Bergischer Biersuppe, Vanillesauce oder Schlagsahne servieren.

MILCHREIS MIT KIRSCHEN

für 4 Personen

Zutaten

Für den Milchreis
1,5 Liter Vollmilch
250 g Milchreis
60 g Zucker
ein Stück aufgeschlitzte Vanilleschote

Für die Kirschgrütze
ein Glas Sauerkirschen oder 250 Gramm frische Kirschen, entsteint und gezuckert
einige Lavendelblüten
2 TL Stärkemehl zum Binden
etwas Zimt und Zitronensaft nach Geschmack

Gut zu wissen!

Milchreis war früher etwas ganz Besonderes im Bergischen Land, denn genau wie Kaffee musste der Reis über fahrende Händler aus Holland importiert werden. Nur zu Feiertagen brachte man süßen Reisbrei auf den Tisch. Später servierte man ihn zur Bergischen Kaffeetafel mit frischen Waffeln und heißen Kirschen. Wer es besonders cremig oder festlich mag, kann noch einen Viertelliter gesüßte, steif geschlagene Sahne unter den abgekühlten Milchreis heben.

Zubereitung

Die Milch zum Kochen bringen. Milchreis, Zucker und Vanilleschote zugeben und unter Rühren aufkochen lassen. Bei mittlerer bis schwacher Hitze circa 40 Minuten simmern lassen. In der Zwischenzeit die Kirschen auf einem Sieb abtropfen lassen. Den Kirschsaft mit dem Stärkemehl zum Kochen bringen und die Kirschen sowie die Lavendelblüten dazugeben. Die angedickten Kirschen in der Sauce ziehen lassen. Nach Geschmack eine Messerspitze Zimt und etwas Zitronensaft zugeben. Den Milchreis warm oder kalt servieren.

AUFGESETZTER

für ca. 1 Liter

Zutaten

500 g schwarze oder rote Johannisbeeren
250 g brauner oder weißer Kandiszucker
250 ml Wasser
750 ml bergischer Korn („Kloarer")
1 Vanillestange
2 Ansatzflaschen (Flaschen mit großer Öffnung oder Schraubgläser)

Zubereitung

Die Johannisbeeren verlesen, waschen, trocken tupfen und mit Hilfe einer Gabel von den Stielen streifen. Zusammen mit der aufgeschlitzten Vanillestange auf die beiden Ansatzflaschen verteilen und mit Kandis sowie Korn und Wasser auffüllen. Den Ansatz etwa 3–6 Monate reifen lassen, gelegentlich schütteln. Dann abseihen und mit einem Trichter in Schmuckflaschen füllen. Nach Geschmack mit Läuterzucker (Wasser und Zucker im Verhältnis 1:1 aufkochen) nachsüßen.

Gut zu wissen!

Den Johannisbeerlikör nennt man im Bergischen Land auch „Opjesadde". Der Aufgesetzte schließt ähnlich wie der Klare („Kloarer") den Magen nach einer üppigen Mahlzeit.

REGISTER